我願意

黃馬琍的36堂學習成長筆記——開創喜樂人生

黃馬琍 著

出版策畫緣起

◎朱奔野（合一教會主任牧師）

耶穌說：「我來了，是要叫人得生命，並且得的更豐盛。」與Mary一起建立教會至今七個年頭，我觀察到她有非常美的品德及堅強的生命力，尤其她的創意及持定願意做的心志，藉著基督聖靈運成近乎完美的豐盛，處處展現在她的事業上、教會服事上，也呈現在她病危中！

她，是神所鍾愛的使女。Mary常說她沒什麼好寫，但我看到在這人心不安、懷憂喪志的世代，需要有許多勵志人心、正面積極的書來撫慰人心，如暮鼓晨鐘般建造人群！本書於焉啟動……

目錄

PART 1

開創喜樂人生

Chapter 1

孤單童年喜樂觀

當時的成長過程看似不堪，
實際上，卻是生命中的一股反向激勵。
關鍵在於，自己懂不懂得去轉化？

Chapter 2

工作成長喜樂觀

只要有客人上門，無論多晚都還是會接，做到當天沒有客人為止。在我們眼中，那樣的工作型態不叫辛苦，而是機會！

Chapter 3

創業成長喜樂觀

在累積專業實力的同時，也要懂得適時地自我行銷。
天下沒有白吃的午餐，想要出頭天，就不要怕吃苦或吃虧，
因為任何小小的合作機緣，都可能是一個足以讓你翻身的機會。

PART 2 活出喜樂人生

Chapter 1 生病車禍喜樂觀

一個人能不能在最低潮的時候，喜樂面對，甚至看見這份苦難禮物背後的恩典，才是決定他是否能擁有幸福人生的關鍵。

Chapter 2

親子互動 喜樂觀

靠著鍥而不捨地努力，以及上帝的恩典，終於在一些課程取得不錯的成績；但有些課程即使已修了大半輩子，還是不及格，至今仍在重修中，比方說，親子關係。

Chapter 3

信主重生 喜樂觀

一個人的老後，也可以活得精采充實。
但如何真正安於一個人的生活，關鍵在於，
是否擁有真實的心靈寄託。而我的心靈寄託，就是上帝。

【專文推薦】◎金惟純（商周集團榮譽發行人；《還在學》暢銷書作者）

沒有劇本的人生

老友黃馬琍最近出書，我有緣先睹書稿，對其中幾幕場景感受甚深：

——四歲時，在養母（她是養女）家，見到生父向養母借錢未果，黯然離去，時隔不久，生父就過世了。

——十二歲時，她在姊姊開的美容院打工，因身高不足，腳下墊著板凳幫客人洗頭，單薄的身軀後，還揹著姊姊的小女兒。

黃馬琍說，非常不快樂的童年，帶來她日後拚命賺錢的強大動力。也因此，當她十二歲揹著姪女幫客人洗頭時，她是甘心樂意的，因為她愛姪女、也愛工作。

如今已是成功女企業家的黃馬琍，回憶起這一切，說自己十幾歲就能「看見自己的未來」，充滿了感謝。

我曾說，每個人的「人生劇本」，都是自己寫的，而且通常在少年時期就已經完成了劇本大綱，然後花一輩子照著演。

黃馬琍和我一樣，都是戰後嬰兒潮世代，我們這一代的共同幸運，是少年時期就有深刻而強烈的人生經歷，因此寫出來的劇本真實而有力量，一路走來，不虛此行。

如果把黃馬琍十二歲時，揹著小娃娃、站在墊板凳上工作到晚上的畫面，搬到此時此刻來上演，大家會怎麼看呢？豈非一則十足虐待童工的勁爆新聞題材，媒體會罵遍所有相關人等及機構，然後大家一擁而上，務必要好好「照顧」這個受虐少女、把她送回學校好好念書，以便日後成為對社會有用的正常人。

問題是：如果當年有人這麼做，就沒有如今寫出這本書的黃馬琍了。

我不是憑空想像，因為幾個月前就曾看到這麼一則電視新聞：一位中學生因屢犯不改，被老師體罰，捏紅腫了耳朵。記者訪問老師是否要向學生道歉，訪問校長是否要懲處老師，訪問家長是否要追究，訪問學生是否願意原諒……。

在我們少年時代每天發生在每個人身上的事，如今居然要勞動這麼大一幫人來關心，否則這些人都有「責任」！無怪乎，現在的孩子不僅成為「媽寶」，還升級為「校寶」、「國寶」了。

這些「寶」字輩的孩子，我不知道他們的人生劇本要怎麼寫？說不定除了「無聊」兩個大字外，什麼都寫不出來。是誰害的？當然是我們這些為人父母、師長、媒體、官員……的整個一代大人們，因為我們搶走了他們的人生劇本。

因為我們集體失憶，忘記了自己當初的人生劇本是怎麼寫的。忘記了「苦」和「難」，尤其是必須自己單獨面對的苦和難，才是這劇本日後最精彩有力的部分。

還來得及，每一個不想自己和下一代淪為平庸的人，都該重溫一下自己少年時所寫的人生劇本。只要認真這麼做，就一定會了解：自己還可以怎麼做？應該為下一代如何做？正如黃馬琍在《我願意》書中所為一般。

（本文摘自《商業周刊》第一三五三期）

【專文推薦】

一個充滿信心、愛心、盼望、智慧的生命

◎柯希能（以琳基督徒中心牧師）

這是一本值得大家一讀的好書，作者黃馬琍分享了她生命蛻變過程中許多奇妙、精彩的真實故事。字裡行間，沒有說教的口吻，卻強而有力見證了她掙脫悲觀宿命的舊思維，以「我願意」的積極態度，讓她在面對人生種種挑戰時，成功地轉化而開創喜樂的人生。

認識馬琍長老已十多年，如今更深入認識她心靈世界，不得不讚嘆她所信靠的神。如《聖經》所說：「……**有寶貝放在瓦器裡，要顯明這莫大的能力是出於神。**」生活中她經歷許多危難關頭，但總能化險為夷。

恩上加恩的福，在關鍵時刻，遇到貴人，神的恩惠常伴隨。

力上加力的福，她嬌小的身子，腳墊板凳幫客人洗頭，殷勤出力，往後事業中神加添她身、心、靈的力量。

榮上加榮的福，從優秀美髮設計師做起，由自己美，到使眾人美。

經百般試煉，神加在她身上的榮美，豐盛生命綻放信心、愛心、盼望、智慧。

但願這本書，成為「喜樂」生命流暢的導管，凡讀的人，也都蒙福。

【專文推薦】

屬靈的牧者　生命中最重要的姊妹

◎紀寶如（社團法人台灣優質生命協會祕書長）

是神讓我重生，讓我知道生命的價值與意義，但如果說我的性命是馬琍姐救回來的，一點也不為過！

回想起與她初次相見時，若不是她堅持的為我祝福禱告，我或許還在死蔭幽谷中徘徊，永遠找不到生命的出口！當我的生命改變之後，成立了台灣優質生命協會，截至目前，一共關懷了二千九百位獨居或安養院裡的老人，和五百餘位智能障礙的小朋友，這是神透過馬琍姐改變了我，並因而造福了更多社會上需要幫忙的弱勢族群。

最重要的是協會成立之初，經常遇到募款不足的窘境，連房租和同工薪水都付不出來。此時我也只能想到這位姊妹，請她協助我們度過一次又一次的難關。這麼多年來，她總是默默的持續幫助這些老人和小孩，在她身上，我看到馬琍姐對神忠心，以及愛人如己的心。她的努力、堅持、勤奮，是我們要學習的榜樣。我永遠當她是我屬靈的牧者，更是我生命中最重要的姊妹。

在書中看到她過去的經歷，才知道原來馬琍姐有一個不快樂、辛苦的童年，也曾渴望卻缺乏父愛。套用馬琍姐對我說過的話：「一個從小沒有享受到父愛的人，當她得到天父的愛後，才知原來自己有滿滿的愛，還可以把這份愛再傳給更多更多的人。」這原來就段話就是她的寫照啊！

看了這本書後，我心中對她的健康有更多的不捨，除了要提醒她在照顧別人之餘不要忘了照顧自己，也希望更多看了馬琍姐故事的好朋友們，一起為這位忠心良善、神的好使女祝福禱告！

【專文推薦】◎詹文明（兩岸知名管理學《杜老師管理漫畫》二十四冊作者）

我願意，朝向最佳的可能未來

「我願意」——王菲透過歌詞唱出：思念是一種很玄的東西，如影隨行，無聲又無息，出沒在心底……；「我願意」——林婉容卻以一首詩歌呈現出對神的全然地順服，由衷地敬畏這位創造主，傳達出：我願意，我願意，我願意，從祢手中接受每個環境，這是我所需，是於我有益；而「我願意」——時尚人黃馬琍，則是以她親身經歷的每一個低谷、每一個喜悅、每一個挫折、每一個成長、每一次的災難、每一次的禮物，訴說著美妙人生，生命的豐盛，何等的甘甜。為什麼她可以？為何她這般享受？你不解，請看《我願意》，一讀「黃馬琍」。

人生真奇妙！在一次讀書會聚會中，再度遇見作者，我們彼此相識三十載，卻各忙各的。再度聚首，驚覺她早已身懷絕技，如日中天，頗具美感，引領時尚。她寫美的專欄，擔任國際裁判、評審、主席團，創立髮型館、SPA館、雪瑞爾頭皮養護館以及TV Shopping事業群，構建一個多角化的聯邦分權化事業體，目前，正朝向喜悅國際集團的跨國經營佈局。

由傳統到時尚，人力到腦力；從店面、TV到互聯網；由美髮設計、新娘造型、身心靈舒壓到頭皮養護、瘦身、抗老化、預防醫學……一次一次地重新定義時尚的語言密碼；一篇篇改寫事業的豐富內涵，在在地指出一條條最佳的可能未來。

作者的敏銳嗅覺、趨勢的洞察、創業的因子、美的素養以及自我探索、成長動能，都在這36堂「我願意」學習成長筆記，值得細細品嚐；「我願意」力薦。

【專文推薦】◎朱奔野（合一教會主任牧師）

神的使女　世人學習的典範

Mary黃馬琍，美容界奇葩、基督教內的恩膏長老、TV Shopping的黃老師、工商界的傳奇人物！在知名光環下帶著一些神祕的色彩，美麗的臉龐煥發著堅毅的自信，身為教會牧師，與她一起同工建造教會至今，對她一生充滿欽佩！

有太多人在人生困苦大海中一一沉沒，有的為事業，有的為情，但Mary在每一次的大浪來襲時均能安然渡過，甚至更上一層樓，事業如此，生命交關之際亦是如此。上帝眷顧她，除了她個人的努力之外，主要的是她學會了「愛上帝」、「愛教會」的祕訣。

髮廊是極傳統的行業，街頭巷尾一籮筐，她從擔任美髮助理開始到自己開髮廊、從髮廊轉型到ＳＰＡ、再轉型到電視購物、再到雪瑞爾頭皮毛髮專業管理……每一個行業對她而言都是新的，每一次她要「重新」與「從心」學習，數次的轉型不僅成功，更成為該行業翹楚，這已不是「運氣」或「認真」可以詮釋。祕訣就在於她「真知道」《聖經》〈腓立比書〉4章13節說的：**「我靠著那加給我力量的，凡事都能做」**。天父上帝就是那加給她力量的！現今世局更加艱困，世人個個「六神無主」，她卻是「依靠上帝為主」，充滿信心勇往直前！

之前我對Mary幼年時期不清楚，及至閱完本書才覺嘆為觀止，數十年前一個小學畢業、背著娃兒的小女生站在凳子上為客人洗頭，與現今榮美的她實難比擬。然而這就是她，一位神的使女，傳福音不以基督為恥，傳講不以當年卑下的工作為恥，在在顯示出她單單依靠基督恩典來誇勝！

本書就是Mary精煉過的生命完整呈現，是一本完美勵志的書籍，一本工商人事業轉型創新的經典書，是主內肢體必讀豐盛神蹟的書。書中處處帶著內在醫治的馨香與財務豐盛的祕訣，請仔細閱讀及體會！

身為牧師，我讚嘆神奇妙作為！期待更多人經歷她的豐盛，一同見證耶穌在她身上的恩典，也同樣發生在你身上！世人都渴望成功，但是沒有典範可以學習，有人事業成功但道德敗壞，有人占有高位但做壞榜樣，在這看似無望的今天，幫助Mary成功的上帝也期待幫助你成功，世上唯有耶穌幫助你「從心」做起，你就會像Mary一樣，是個新造的人！

〈暢銷分享版〉自序

這不是一本泣訴悲慘身世的書，雖然內容講述了，我從三歲就被送給別人當養女，只能不斷從失敗感情中尋求父愛的故事。

這也不是一本清算苦難的書，即使回顧我的過往人生，確實充滿了大大小小的曲折，甚至兩度走過死蔭幽谷：一次是陷入嚴重憂鬱，幾乎要死；一次是腦動靜脈畸形破裂，險些喪命。

我要說，**這是一本關於恩典的書**。

我希望用激勵的方式來談論過去。雖然用現在的眼光來看，早年的處境確實很辛苦，但信主成為基督徒之後，我就發覺到，那些過程其實都是恩典。而且正因為是出生在那個年代，經濟普遍困苦，才有機會去經歷那麼多生存磨練，培養強大的抗壓力。現在的孩子那有這樣的機會呢？花上千萬都得不到這樣的學習，所以是何等恩典啊！

每想到這一點，我都會忍不住讚嘆，說：「**主啊！祢真棒，讓我有這樣的經歷。**」

雖然家裡的經濟無法供應我升學，但透過十二歲就進入社會大學的方式，我學到的東西遠比學校知識還來得多，而無論遭遇到的過程是好是壞、是苦是樂，也全都是一種滋養，幫助我這棵生命樹越長越高。

上帝沒有賜給我聰明，卻給了我一顆樂於學習的心；

上帝沒有賜給我美貌，卻給了我一雙絕佳的審美眼光。

這些年來的生命經驗告訴我，只要存著懂得感恩的心底以及充分發揮自身的恩賜，這樣就夠用了。換句話說，與其成天怨懟機運不如人，不如欣然接受上帝為你量身打造的人生型態，心思意念一旦正確，生命就會充滿光彩。

出版這本書，對我而言已是豐盛的恩典了。領受了恩典，更該不吝把這好福份分享給更多人。因此我很珍惜，也樂於百忙中到各教會見證我的生命成長歷程，許多讀者回饋讀完這本書，確實能幫助他們在面臨困境或瓶頸時，有如心靈雞湯得到滋養，或安慰勸勉或激勵造就，進而也開創自己「不以為苦」的喜樂人生。而這正是我樂於出書的最大動力。

「我願意」這三個字，至今仍是支撐我前進的的助力！

「我願意」精進專業，積極學習，「以公義為監督」，在職場上榮耀上帝！

「我願意」破碎老我，不自恃聰明，而是信靠上帝做我的「企劃顧問」，帶領我開創事業版圖，成就更大的恩典，得以幫助更多需要幫助的人。

楔子

那是我生命中，最痛徹心扉的時刻。

五十歲時，在我的刻意安排下，我與童年時期的自己，有了一次最深刻的相遇，地點，就在台北市忠孝東路家中的頂樓客廳。

大門，緩緩被推開。一位身穿灰藍色中山裝，左肩掛著一把黑色雨傘的男子，不發一語，慢慢地向我靠近。深深吸了一口氣，佇立在這一頭的我，也開始跨出步伐，一步，一步，走向他。

宛如電影裡頭的Slow Motion（慢動作特效），就在鏡頭慢慢Zoom In（拉近），準備特寫即將靠近的兩個人時，五十歲的黃馬琍，突然變成了五歲的小黃馬琍，一股腦兒跌坐在地上哭鬧，還像是在對空氣揮拳一般，四肢亂舞，聲嘶力竭呼喊著：「爸爸，帶我回家！」

接著，我整個人就像是陷入沉沉的深海裡，幾乎要被潰堤的淚水淹沒，久久不能自己，因為眼前這一幕，娓娓道出了我過去的生命當中，一段真實且刻骨的辛酸記憶……

時間回到五歲那一年。

某個尋常的午後，坐在媽媽（書中的「媽媽」稱呼，皆指養母）家客廳的我，忽見生父出現，喜出望外，原以為他是要來探望我，實際上，是想來跟媽媽借錢。「我自己都很困難了，哪有錢可以借你？」媽媽的理由很實在，但不知怎麼地，一旁的我，聽了卻很難過。

眼見生父就要轉身離去，我心一慌，趕緊使出渾身解數，坐在地上鬧脾氣，哭喊著要他帶我一起走，別再把我留在媽媽家。無奈，眼淚攻勢無效，生父終究還是走出了我的生命，且時隔沒多久，他就過世了，年幼的我，連送他最後一程的機會都沒有。

遺憾，深埋在稚嫩心靈。直到我最愛的二哥，以一襲生父的招牌裝扮現身，幫助我「重新了結」這段生命經歷，我才總算真正的放下，因為它著實主導了我五十歲以前的人生——**總是不斷想努力賺錢，以及從感情中尋求父愛。**

PART 1
開創喜樂人生

Chapter 1

孤單童年 喜樂觀

「妹妹，妳從哪一村來的啊？」

「妳就是這家領養的小孩喔！」

「可憐喔！妳爸爸媽媽怎麼會把妳送別人當小孩呢？」

當時的成長過程看似不堪，

實際上，卻是生命中的一股反向激勵。

關鍵在於，自己懂不懂得去轉化？

三歲養女　步向未知的旅程

三歲，我就被生母送給別人當養女了。

我從來沒有那麼驚慌過！

那一天，媽媽穿著一件白色點點的洋裝，手拿一包類似幸運餅的點心來拜訪。當時的我，似懂非懂，反倒是二哥，深知自個兒的小妹要被人帶走了，趕緊揹著我去藏起來。但小孩哪鬥得過大人呢？最後，二哥還是乖乖把我交出來，看著生母和媽媽兩人在對話，我開始意識到，自己即將被送離這個家。

生命的震撼，有時僅在頃刻之間。當我被陌生的媽媽牽著手，心不甘情不願地踏出家門口，一股強烈的被遺棄感，瞬間籠罩。

「為什麼？」

三歲多的我，小小聲地在心裡問自己，表情盡是惶恐：

「為什麼生母不要我呢？是我不乖嗎？還是我不好才會沒有人要？」

如同一棵小樹栽，突然被人從土裡硬生生拔起，即使已經被媽媽一步步帶離家門，仍舊不斷在內心對生母呼喊：

「我答應妳，會當個乖小孩，只要不把我送走，我一定會乖乖聽話……」

終究只能無言吶喊。當年的我年紀還那麼小，哪有勇氣對抗大人的決定？沒有太多的哭鬧，我就這麼認命地跟著媽媽，步上另一段未知的旅程。

原本的家，位於宜蘭縣羅東鎮，走路到媽媽家，腳程大約三十分鐘。或許是為了緩和我內心的不安和恐懼，行經水果攤，媽媽還特別停下來買了一顆橘子給我。怯生生地接過橘子，這時的我才注意到，身高約一百五十公分的媽媽，蓄著一頭俐落的短髮，臉上讀不出什麼明顯的情緒。

直楞楞望著這個即將主掌我後續人生的女子。她，會將我帶往哪裡？能為我打造通往幸福人生的新劇本嗎？我不知道。唯一確定的事實是，抵達媽媽家的第一天，我的處境就不怎麼好過。

在我之前，媽媽就已經領養了一個大我七、八歲的姐姐，才進家門，媽媽就拿姐姐的木屐拖鞋給我穿，還找來一張小板凳，要我乖乖坐在家門口。那一幕，讓我感到非常難為情，因為門口附近正好是村落唯一的水源頭，村裡的婦女都會到這兒來洗衣服，看到新面孔，難免大肆品頭論足一番。

當時，雖然我已經三歲多了，看起來卻像是剛滿足歲的樣子，很難贏得什麼好評價。而且我簡直被嚇壞了！那個小黃馬琍都還沒適應陌生的新環境，就得面對他人的指指點點，感覺非常受傷，從那個時候開始，我就一直很不快樂。

我的童年，非常不快樂。

天生愛美　醜小鴨渴望變天鵝

或許是相由心生的關係，從小，我的臉上就很少掛著笑容。據媽媽形容，每次看到我，總是像是剛哭過一樣，整個人又瘦瘦小小的，使得她常嫌棄我長得很醜！

媽媽的評價，對我這一生的影響很大。畢竟，一個三歲多的小孩，哪有能力分辨自己長得美或醜？絕大部分的自我概念，還是來自於周遭他人，尤其是最親近的家人。被原生家庭送養的遺棄感，加上媽媽的否定，讓我覺得自己像極了經典童話故事《醜小鴨》當中的那隻醜小鴨，非常非常地自卑，內心深處卻又暗自渴望著，哪天能夠搖身一變，幻化成一隻美麗的白天鵝。

我是認真的，認真地相信，有天會從醜小鴨變成白天鵝。至今我仍清楚記得，每天只要洗完澡，我都會偷瞄媽媽要拿哪一件衣服給我穿，那個年代，大家的生活普遍都很困苦，哪有什麼漂亮的衣服可挑呢？但我就是會注意，而且，很在意。長大後我常會想，自己之所以會專注投入美容美髮行業，多少和這樣的童年經驗有關吧！

由此看來，**當時的成長過程看似不堪，實際上，卻是生命中的一股反向激勵。關鍵在於，自己懂不懂得去轉化？**

況且，即使在不快樂的童年生活背景之下，還是有值得細數的感恩片段。

不知道什麼緣故，小時候，我常常會肚子痛，一痛起來就不得了，這時，媽媽總會把我揹在背上，藉由讓身體呈現弓形的方式，讓我的疼痛稍稍得到緩解。時隔數十年，就算當時貼在媽媽背上的那股溫熱感，已經不復記憶，母女相依相偎的畫面，想起來還是令人備感溫馨。

還有一次，和鄰居小孩一起在外頭遊玩，媽媽喚我回家吃粉圓甜湯。一踏進門，看到桌上的粉圓甜湯竟然只有半碗，而非一整碗，心裡嫌少，便氣呼呼地奪門而出，連吃都不吃。如今回想起來，當時若不是媽媽疼我，怎麼會特地留半碗粉圓

小時候貼在媽媽背上的那股溫熱感，已經不復記憶，母女相依相偎的畫面，想起來還是令人備感溫馨。

給我吃呢？再者，若不是媽媽的默許，我哪敢隨便耍性子呢？

相較之下，我對養父的印象並不深。養父大部分的時間都在宜蘭的太平山工作，年紀輕輕就撒手人寰，當時我也才十四歲。記憶中，最有印象的片段是，每次媽媽送他到車站，就會把我一個人留在家中，我害怕極了，一直哭不停。說也奇怪，不知道是不是吵到左鄰右舍，總會聽到窗外有聲音傳來，說：「**孩子啊！不要哭……**」

家中還有另一位重要成員——一個大我七、八歲的姐姐。但與其說我們是姐妹，在我心目中，她反而還比較像是一位「大嫂」，就是既是生活在一起的家人，但又少了那麼一點血緣親密感。之所以會有這種感覺，是因為一來，我很清楚知道，我們都是被領養來的小孩，兩人本來就沒有血緣關係；二來，為了幫助家計，姐姐很早就外出工作賺錢，我們很少有機會能像姐妹般一起玩耍，建立深刻的手足情感。姐姐十八歲的時候，媽媽為她招贅一個丈夫，生下了四個孩子跟我的關係都很親密。

但誰料得到，這個沒有血緣關係的姐姐，卻成了日後引導我進入美容美髮業的重要貴人，讓我十分感激。

姐姐待我不薄，當時姐妹感情會沒那麼親，還有另一個原因，就是我依然跟原生家庭的兄弟姊妹密切聯繫，內心的認同感自然很難轉移。甚至等我長大些，有幾次調皮被媽媽打，還會氣得回嗆說：

「我要回家，不待在這裡了！」

當時能夠那麼有恃無恐，全是因為有一個非常疼愛我的二哥——那個當初怕我被媽媽帶走，而把我揹去藏起來的人。

兄代父職 二哥給予穩定的父愛

我和原生家庭之間，最溫暖的連結，是由一條長長碎石子路鋪起來的。那是一段，二哥帶我回家的路。

比起絕大多數被領養的孩子，我最幸運的一點，就是還能夠跟原生家庭保持聯繫。當時大我將近十歲的二哥，不放心我一個人從媽媽家走回羅東的家，總會特地來接我，還揹著我走上二、三十分鐘的路程，從來不喊累。尤其是寒暑假，不用到學校上課，還能回家一連住個好幾天。那是我最幸福的時光，因為一回到羅東家，簡直被二哥當成小公主對待。

那時候，生母開了一家很小的雜貨店，起初只是賣一些零嘴，後來才開始出租漫畫書。哥哥們（尤其是二哥）表達對我關愛的方式，就是將他們從雜貨店「抽籤」贏到的小玩具送給我。漫畫書更是想看多少就有多少。我後來發現，看漫畫長大的孩子，思想是很活的，想像力也會比較豐富，以我個人為例，有一部分的創意和理解力，都是從看漫畫當中慢慢養成的。

當然，最開心的事，還是在於跟家人的相處。生母一共生了十二個小孩，我排行老七。或許是被現實生活壓得喘不過氣，我對生母的印象就是「很兇」，為什麼會覺得她很兇？因為在我們面前，她總是表現出最剛強壯膽的一面，不曾示弱過，這就是所謂的「為母則強」吧！

生母一個女人要帶著一大群孩子，要賺錢又要照顧孩子，實屬不易。也因此，在我被送走之後，家中一個妹妹和一個弟弟，也被送給了其他家庭收養，即使我們全都百般不願意。

我和生父相處的機會並不多，我卻好愛好愛他。據生母的說法，小時候我只要被打，就會喊生父的名字，要他來救我。不用說，這樣的求救通常無效，因為生父在家的時間並不多，但由此可見，當時我的內心多渴望被父親保護，期待很有安全感地，長大。

然而誇張的是，聚少離多的生父連我被人領養，事先都不知情。長大之後，曾經聽生母描述，有一天生父行經媽媽住的村莊，好像是要去拜訪一位朋友，我一看見生父，開心地抱著他的大腿不放，周圍人見狀，便問：

「這是誰家的小孩？怎麼會抱著你不放呢？」

生父丈二金剛摸不著頭緒，只好不解地說：

「這是我的女兒啊！但我也不知道她怎麼會出現在這裡……」

對於生父的深刻依戀，或許是源自於血緣關係，也或許是因為變動的童年環境，讓我格外渴望擁有一份穩定的情感來源。縱使生父不常出現在我的生命，慈愛的面容，卻深深烙印在我的心目中，成為一股支持力量。

二哥因為跟生父長得像，又是所有兄長當中，對我最照顧的一個，著實為我補足不少父愛。以至於長大之後，我都已經忘了生父長什麼樣子了，卻不曾遺忘二哥的五官輪廓。每當我懷念生父，浮現腦海中的畫面主角，即使身穿一襲中山裝，肩上還掛著一把大黑傘，儼然就是生父的招牌形象，但再仔細看，那個人卻是二哥的長相。

二哥對我而言，早已等同父親的這個角色。即使二哥已經過世好幾年了，每次只要一想到他，還是會讓我忍不住熱淚盈眶，我真的好想好想他。我多麼希望能有機會親口對他說一聲：

「二哥，我好想念你！」

謝謝二哥，溫暖了我的童年。

終結孤單　慢慢找到生命出口

隨著年紀漸長，自主意識越來越強，曾經，我也想過乾脆收拾行李，從媽媽家回到原來的家。一家團聚，不是很好嗎？

當初那個在我之後出生，隨即被送養的小妹，就真的做了這樣的事。升上國中之後，小妹自認已經可以自力更生，便擅自做了離開養父母的決定，回到羅東的家。記得我也曾試過想要離開媽媽這個家庭，哪知道回到生母家，夜裡睡到一半，竟然夢見有人要處罰我，嚇得我隔天還是乖乖回到媽媽身邊。長大後想到這一段逃家插曲，我常會開玩笑地告訴自己：

「或許，這就是上帝為我安排的成長方式吧！」

但當時年紀小，又還沒信主，哪能體會什麼叫做「上帝的美意」呢？我只知道，自己真的好孤單、好孤單，內心總是有一股「沒人要」的強烈自卑感，尤其是在學校。

小學的時候，我的成績就很差，全班五十幾個人，我的名次總是落在最後倒數五、六名，在學校也沒什麼朋友。印象中，我經常獨自一人站在教室走廊看著同學們開心打鬧。沒有人會主動邀請我，因為我臉上的表情就是一副不想被邀請的模樣，說得更直接一點，其實是我先拒絕和否定了自己。

「算了！反正我本來就不討人喜歡！」

面對孤立情境，縱使佯裝無感，內心的自卑卻不斷加深。

尤其是當我看到，班上另一位女同學，和我一樣是養女，家境也不怎麼好，但因為聰明伶俐、文章又寫得好，備受師長疼愛，連課後的補習都不用錢，我卻得不到相同待遇時，就會強烈感覺到自己不受重視。

要說心裡毫無疙瘩，是騙人的。但直至長大接觸了一些心靈課程之後，我才慢慢理解到，依照自己當時的「狀態」，確實很難討師長或同學的喜歡，怪不得人。至於為什麼小時候的我，看起來總是特別「苦情」，主要還是跟當時的成長環境有關。試想，一個從小就被送人領養的孩子，每天懷著驚嚇害怕和無價值感，如何展現出機伶的一面呢？

人都會變。長大後，脫離先天成長環境的限制，我開始藉由後天的努力和學習，慢慢開竅變聰明，進而走出自己的一條路，讓以前的老師和同學都始料未及。當我在二〇一一年首度現身國小同學會，已七十好幾的班導師，還語帶歉疚地對我說：

「**我真的是虧欠妳，當時沒有好好培養妳……**」

聽到這句話，我先是一驚，接著有一股暖流從內心深處直湧上來。

那股深刻感動來自於，當年那個總是站在教室角落，無人聞問的小黃馬琍，在數十年後的這一天，終於被老師看見了。內心的委屈，似乎也在那一刻全都得到了釋懷。

同學們對於我的轉變，也感到相當驚訝。大家想都沒想到，從前那個又醜又笨的醜小鴨，竟然活躍在一個跟「美」有關的產業，讓她們實在很難把「現在的我」跟「過去的我」聯想在一起。

生命，總會找到自己的出口。不是嗎？

與其一味地祈求環境永遠對自己友善，不如主動尋求能夠滋養自己的沃土。只要找對土壤，把夢想種子撒對地方，假以時日，自然會慢慢開枝散葉，長出專屬的美麗姿態。

我很慶幸，十二歲的時候，就找到開展喜樂人生的第一片沃土。

我願意！學習成長筆記

沒有對的環境，只有對的態度

我們無法選擇要出生在什麼樣的家庭，但只要態度對了，任何的環境都可以轉化成為生命中的成長養分；反之，態度不對，再好的環境也成就不了自己。

將理念化為行動

❶ 理解且接納父母親也有其本身的限制。
❷ 將經驗轉化成特質，如：環境匱乏 → 懂得知足。

永遠相信，自己值得被愛

如同一粒小小的種子，需要澆灌和施肥，才會長成一棵大樹。長大成人的過程中，我們也需要有「愛」的滋潤和陪伴，才能真正地活出自信。

將理念化為行動

❶ 為自己找到至少一位「愛的支持者」。
❷ 付出愛，成為他人的幫助。

抱持盼望，就不至於絕望

人生起起落落，難免有身陷困境的時候，但只要堅信，生命總會找到自己的出口，就能讓人有勇氣去面對眼前的難題，找到新的方向。

將理念化為行動

❶ 停止自怨自艾，避免負面能量累積。
❷ 善用洞察力，挖掘潛在機會。

這一点筆記留給您

Chapter 2

工作成長喜樂觀

只要有客人上門，
無論多晚都還是會接，
做到當天沒有客人為止。
在我們眼中，那樣的工作型態不叫辛苦，
而是機會！

你知不知道自己為何要從事眼前這份工作？
只為了糊一口飯吃嗎？還是有更重要的使命和目標？
大方向確定了，
才能慢慢架構出未來的輪廓，
引發學習動機。

國小畢業　樂當小助理幫客人洗頭

我並不是天生個性就那麼樂觀積極。小時候只要遭受委屈，或是被不公平的對待，我總會在內心對自己說：

「沒關係！重新投胎就不一樣了……」

這句話的意思是說，只要重新投胎到另一個家庭，以另一副長相扮演另一個角色，眼前所有令人討厭的問題就都一概解決了。這招果然奏效，每次只要這麼想，心情就會好多了。如今換個角度想，其實我的內心深處一直沒有放棄對未來的希望。

當時的我大概以為，成長的家庭都可以重新選擇了，為什麼不能重新投胎呢？一直到稍微懂事之後，我才發現這樣的想法有多天真。

「好吧！既然不能選擇自己的出生，至少可以決定自己的命運吧！」

自從認清這一點，我便決定拿回人生的主導權，把握每一個成長突破的可能性。

十二歲，國小畢業之後，到姐姐開的美容院當助理，就是我日後投入美容美髮的重要啟蒙點，而我也真心熱愛這個行業。

早年所謂的「美容院」，其實就是髮型店。但設備不像現在只要打開水龍頭就有熱水可用，以往熱水都是要用煤炭來燒，而且還不是燒好了就沒事，還得小心翼翼將熱水拎到沖水檯，混合冷水之後，才能幫客人沖洗頭髮。過程中，只要一個不小心，隨時可能會被熱水給燙傷。

當時的工作時間也很長。現在的髮型店大多營業到九點就準時打烊，**我們的美容院因為是自家開的，彈性很大，只要有客人上門，無論多晚都還是會接，做到當**

天沒有客人為止。在我和姊姊的眼中，那樣的工作型態不叫辛苦，而是把握賺錢的機會。至於為什麼年紀那麼小，就懂得什麼叫做機會，我想應該是跟個人特質有關吧！憑著天生的敏銳度，縱使當時並不特別聰明或機伶，卻總能從環境中看見機會，加以把握。

夢想的驅動，讓人工作起來特別起勁，有時我甚至會覺得，我們根本就像是在辦家家酒一樣地在「玩」那家店，態度認真，但心情是愉悅的。即使後來，姐夫去當兵，店裡只剩我和姐姐兩個人，為了替身懷六甲的姐姐減輕負擔，還得一邊揹著小姪女，一邊幫客人洗頭，我卻一點都不以為苦，還覺得很好玩、很快樂。

但很多人都很難想像這樣的畫面：一位在幫客人洗頭，腳下得墊板凳才夠高的小女孩，單薄的身軀後頭還揹著一個小娃兒，小孩照顧小小孩，這一幕在很多人看來，直覺反應就是很不捨，就連後來有些人只是聽到我轉述，反應也是如此。對我而言，卻稀鬆平常。一來，當然是因為我真的很愛姪女，甘心樂意做這樣的付出；

小時候在幫客人洗頭時，腳下得墊板凳才夠高，單薄的身軀後頭還揹著一個小娃兒，但我卻樂意做這樣的付出。

二來，是因為我超愛這份工作。現在回想起來，我好感謝有這樣的一段過程，這是繳學費或出國遊學都換不來的歷練。藉由這份工作，也讓當時的我逐漸描繪出一個屬於自己的未來。

看得見自己的未來。光是這一點，就夠令人振奮了！

人格汗纖　激發積極敬業負責態度

當時，我看到自己的未來，就是成為一位很棒的燙髮師，也就是現在人稱的髮型設計師，這也就是為什麼，我總是能夠把吃苦當作吃補。

一個人只要目標清楚，眼前的路即使再辛苦，還是會走得很喜樂，所以能不能看到未來是很重要的，有些人就是因為覺得眼前的工作沒有未來，才會做什麼都抱怨，內心很苦毒。每個人對工作的看法不同，但我很確定，自己沒有浪費時間的本錢，我要努力不懈地朝夢想邁進，因為我知道自己不只會成為燙髮師，也很清楚明白，日後的發展絕對不會只是在鄉下，而是要往大都市去，例如：台北市。只不過，轉換工作環境的過程，需要一步一步來。

轉換的時機，落在我十五歲那一年。好像是因為生意清淡，美容院才開三年，姐姐就決定要結束營業，我只好離開宜蘭縣五結鄉，前往比較熱鬧的羅東鎮找工作。很快，我就被一家美容院聘用，一樣從助理開始當起，雖然是一個全新的環境，但工作內容大致都能勝任。只是沒想到，才在那邊工作沒多久，我就因為一場嚴重誤會，被迫離開。

那時候除了我之外，還有幾個和我年紀相仿的孩子，也在那家美容院當助理，晚上大家一起睡在大通舖，兩個人蓋一條棉被。有一天，老闆說他的錢不見了，巧的是，那筆錢剛好就掉在我的身邊，老闆就誤以為是我偷的，我也因此丟了工作。

被誣賴偷老闆的錢，不僅對我的人格造成很大傷害，還導致我日後找工作都有困難。離開那家美容院之後，我便轉而到附近的另一家美容院求職，起初一切順利，沒想到兩家老闆相識，新老闆和老闆娘在得知這件事之後，問都沒問，也沒讓我有解釋的機會，態度就開始變得很冷淡。那時候我就知道，是該轉換工作環境的時候了。

離開羅東的下一站，就是宜蘭市。不知道是環境使然，還是年齡也有關係，當時年約十六歲的我，來到宜蘭的美容院工作之後，又再度恢復活潑的本性，工作態度也比其他同事來得積極。

舉例來說，每當吃飯時間，有客人走進店裡，同事們就會開始比賽誰吃得比較慢，因為吃最快的人就得出去幫客人洗頭。我的反應跟大家相反，總會用最快的速度把飯吃完，以免讓客人等太久，這麼做不是為了求表現，完全是基於一種負責任的態度。

或許有人會好奇，這樣會不會引發其他同事議論或是遭到排擠？說真的，我壓根兒沒注意到這一點。對當時的我來說，**「敬業態度」勝於一切，旁人的眼光和反應，便是其次了。**事後來看，這也是我很重要的特質之一，就是只將眼光定睛在「主要」的事情上，將「次要」的影響減到最少，盡量避免被周遭人事物牽著走，才能把真正最重要的事情做好；再以我現在是老闆的角色來評估一位員工，當年那個還只是小助理的黃馬琍，其實已經表現出積極、敬業、負責任的特質，而這不就是一個人邁向成功最基本的條件嗎？

花樣年華　備受疼愛卻渴望再成長

十七歲那年，我終於離開宜蘭，來到台北。這一步宣告了，我的人生，正式進入另一個全新的里程碑。

機緣是這樣開啟的。我在宜蘭工作的那家美容院，裡頭聘請了一位來自台北的設計師，共事了一陣子，那位設計師便帶著我和另一位同事一起北上，還介紹我到三重一家美容院去工作。

我生平第一次感受到，什麼叫作被重視、被疼愛的感覺。美容院從上到下，不管是老闆還是設計師，大家都很疼我，因為我幾乎什麼事情都願意幫忙做，非常勤勞。舉個例，老闆的兒媳婦白天忙店裡的工作，晚上還要忙家務，我見她那麼辛苦，就會主動幫忙她一起洗衣服；面對店裡的設計師前輩，我也是秉持著一顆真摯熱忱的心來向他們學習，經常將讚美和肯定的話語掛在口中，自然容易贏得好人緣。

宛如置身在一個溫暖的大家庭，在這裡工作的日子，非常自在。十七、八歲正值花樣年華，我不只開始懂得打扮，還學起了英文流行歌，經常一邊幫客人洗頭，一邊大聲唱著已故歌手麥可傑克森的歌；還有一次，心血來潮買了一雙溜冰鞋，在店裡面溜來溜去，一不小心摔倒流血，站起來之後，還是一樣繼續溜，簡直就像是店裡的活寶。

為什麼我會展現出這麼活潑自在的一面？很重要的一個原因就是，在這家美容院裡，我感覺自己是全然被包容和接受。這和我過去的成長經驗很不一樣，想想看，**一個從小就經常被否定和拒絕的孩子，突然被用欣賞的眼光來看待，不安沒了，害怕也沒了，那種整個人充滿自信的快樂，實在很難用筆墨來形容。**

如同《西遊記》故事中的孫悟空，終於擺脫痛苦的緊箍咒，我，也終於徹底擺脫童年的陰影，自由了！但很多事情往往是一體兩面，當時那種完全沒人管的自由，卻也一度讓我身陷危機而不自知。

有一年，三重大拜拜，老闆請客，我因為平常喜歡跟大家嘻嘻哈哈，當晚一直被灌酒，很快就喝醉了。醉茫茫的我，依稀記得飯局結束後，他們把我放在地上鬧我，旁邊還有很多人圍著我。隔天，店裡負責帶我的一位設計師（當時都稱之為「師傅」），她告訴了我一個真實的故事，她說，以前有一位在這裡工作的女孩子，也是一樣被大家灌酒，當晚還被人趁機侵犯，那個女孩子因為酒醉，連喊救命的聲音都很微弱，當下根本討不到救兵⋯⋯。

得知這個故事以後，我只要沾一滴酒就馬上頭昏腦脹、滿臉通紅，從此再也沒有辦法喝酒，但愛玩的個性還是沒變。那時候的我，為了突顯造型特殊，很喜歡把頭髮綁成兩支，再別上大大的蝴蝶結，看起來就像一部卡通裡的主角——小甜甜，非常可愛；身上則是穿著高領削肩的短裙，再踩上一雙高跟涼鞋，時髦極了。我還記得有一年的聖誕節，店裡一位女同事約我去跳舞，跳到三更半夜，腳太瘦，乾脆提著高跟鞋，赤腳走回家，發現宿舍的門已經鎖起來，只好一個人在外頭大喊：

「**幫我開門！**」

為了突顯造型特殊，我常把頭髮綁成兩支，再別上大大的蝴蝶結，非常可愛；身上則是穿著高領削肩連身短裙，再踩上一雙高跟鞋，時髦極了。

人不輕狂枉少年。如今回憶起那些點點滴滴，空氣中彷彿還洋溢著一股青春氣息，但也真的感謝神當時的保守，讓我平安度過那段天真爛漫卻也危機四伏的年輕歲月。

兩年後，內心渴望更上一層樓，我便離開三重，往「台北市」這個美髮行業競爭最激烈的一級戰區，挺進。

名店遭拒　累積專業與英日語學習

自力更生的感覺，真好！因為那意味著自己有工作能力，可以自由自在地成長，讓生命充分施展開來。即使年紀尚輕，我的腦海中卻經常浮現成功的畫面——成為一流的設計師！

目標清楚了，內在導航系統自然會精準設定什麼階段該往哪裡去。當時我的首要目標就是：往名店去！

當年所謂的「名店」，跟現代人的認知很不一樣。這年頭所說的名店，通常是指那些有連鎖規模的美髮設計店，再不然，就是一些知名設計師開的店，因為明星的造訪而聲名大噪；但一九七〇年代的台灣，哪來什麼連鎖店，都是個人工作室居多，因此人稱的名店，充其量就是一些人氣很旺的店，比如說有些店特別受到「二姨太」或是「上班小姐」的歡迎，大家互相介紹，生意就越來越好，店的名氣也越來響亮。

如同當今的半導體人才，大多希望有機會到台積電工作，為個人資歷加分。當時的我用邏輯推想，若是能到這些名店去工作，理應比較容易累積專業口碑，也讓設計經驗更超群。無奈，事與願違。當時無論我到哪一家名店去應徵，得到的答案千篇一律都是：「對不起！我們現在不缺人。」

不缺人？眾所皆知，美容美髮這一行的流動率很高，而且就算目前不缺人，若真的考慮讓我加入，過一陣子還是可以跟我聯絡。對方連這樣的可能性都不提，問題就在於，我的外型。**個頭嬌小的關係，即使已經十八、九歲，已經具備一定的技術實力，還是有很多人會把我當成小妹妹，認為我長得不夠體面，沒有設計師的架式。這讓我很受傷，因為那喚起了兒時經常被拒絕的負面感受，好不容易建立的自信，也開始動搖。**

我很難用言語形容當時的心情有多低潮，只記得有一次，好友陪我去某家名店應徵，再度遭到婉拒。走出店門口，好友轉頭安慰我說：

「妳不要因為這樣就那麼垂頭喪氣嘛！」

可見我那個時候有多失望！

但**失望不等於絕望**。後來我想，既然沒有名店願意收我，何不先將目標鎖定在天母？當地住了許多外國人，雖然稍微遠離台北市中心，卻能讓我吸收到更多元的文化，同時提升語文能力和美感眼光。

以我當時的資歷，要到天母找一家小美容院棲身，並不難。在天母服務的第一家美容院，是由一對香港老夫婦開的，工作沒幾天，我就發現自己跟這家店的調性很不合。老闆和老闆娘的觀念非常保守，不只規定一堆，還要求設計師的頭髮不可以留長。一個專門幫客人做美髮造型的設計師，頂上卻是一副清湯掛麵的模樣，不是很沒有說服力嗎？

即使還稱不上是一流設計師，但在台北闖蕩那麼多年，我對於美容和美髮的技術要求，以及一個美髮設計師應該是什麼樣子，已經有明確的想法。**我認為，一個優秀的美髮設計師，除了要具備出色的審美眼光，還要隨時掌握時尚脈動。**

這就是我一心想增進語言能力的主要動機之一。當時國內的時尚刊物並不多，想要接觸到最新的一手流行資訊，就是直接閱讀外國雜誌。在天母的美容院工作，每天接觸外國人，加上即使發音不準還是很敢開口講，讓我的英文對話能力進步很快，但礙於無法適應香港老闆和老闆娘的保守文化，我還是選擇離開，轉而前往松江路一家專門服務日本客人的美容院，**跟日本客人學習一些簡單的日文。我很熱衷於這樣的挑戰與學習，接觸到的多元文化內涵，也成為我在專業養成過程中，一個很重要的養分來源。**

外型上吃虧，總要在專業上扳回一城吧？

多元學習　彌補沒繼續升學的遺憾

工作方面越來越游刃有餘，我的內心深處，卻有個小小的願望一直未能實現——繼續升學。

「那就等上台北之後，再用半工半讀的方式繼續念書吧！」

我一度做此打算。但實際投身大都市才發現，哇！光是專業領域的東西就學不完，加上台北市的坊間資源那麼多，只要有心學習，到處都有機會，未必要侷限於學校。

套句我最常跟人分享的座右銘，同時也是我學的第一句英文，就是：「**Never too late to learn.（學習永遠不嫌晚）**」。為了彌補沒有升學的遺憾，我開始報名坊間的一些課程，幾乎快成了青年服務社學員的基本班底。

「中國青年服務社」，原名為「台北市青年服務社」，成立於一九五二年，專門開辦各式課程，以便提供社會大眾一個進修的管道。但由於性質和同年成立的救國團很類似，便順理成章被納編入救國團，並於一九六九年正式改名為「救國團中國青年服務社」。

我還記得當時的盛況。位於台北車站附近的青年服務社，每次只要一開放報名，就會出現長長人龍等著要拿報名表。身為基本班底的我，這時候就有那麼一點優勢啦！別人要拿報名表都要排很久，我個子很小，只要跳起來向工作人員揮揮手，報名表就會從前面傳遞過來給我，完全不用擔心額滿的問題。

我報名過的課程種類很多，但主要還是偏重在語言學習，尤其是英文，因為那個時候我的工作地點，已經換到台北市北投區的威靈頓山莊。

老一輩的台北人大概都知道，三十多年前，座落於北投半山坡的威靈頓山莊，早年是美軍顧問團的高級宿舍，幾百戶當中，絕大部分是外國人，分別來自美國、法國、德國、阿姆斯特丹、義大利等國家。在山莊裡的美容院工作，想當然爾，英文便成了最重要的溝通語言。

為了迅速提升英文能力，除了到青年服務社進修英文會話課，平時我也很用功，經常會練習將《*The China Post*（英文中國郵報）》的英文小故事翻譯成中文，之後再翻譯回英文，並跟報紙上的原文對照，看看自己翻譯得正不正確。這樣的方式看似多此一舉，卻是加深印象的一種學習方式，加上我本身又喜歡看故事，過程中其實也學得很開心。想一想，誰說學習只有一種方法呢？其實只要動點腦筋轉個彎，找到最適合自己的學習方式，成效就會事半功倍。

當時我就深深意識到，**把英文學好是很重要的一件事情。一來是為了跟外國客人溝通，另一個原因如同我先前所提，最新的流行概念都是來自西方，具備一定的英文閱讀能力，等於比其他國內設計師掌握更多資訊——這對必須走在時代尖端的美容美髮業者來說，非常重要！我的很多美感概念，就是在那個階段，透過閱讀許**

多外國雜誌而慢慢養成的，日後的創意爆發力，正是源自於此。

當時為了增加閱讀量，我經常會主動開口，請外國客人將家中的過期雜誌送給我。閱讀的雜誌類型涵蓋流行時尚、美髮造型，還有居家佈置……等，日積月累之下，為我打下了很好的美感底子。這個經驗其實也讓我學習到，**只要懂得善用環境中的資源，不用花大錢還是可以一步步養成自己，厚植實力。**

在威靈頓山莊的那些年，對我的人格養成也有很大的影響。不同於一般的勞力行業，美容美髮這個產業雖然是以勞力為主，非常辛苦，但因為每天接觸的對象是「人」，不是產品，過程中自然會產生許多互動。**只要願意打開心向每位客人學習，每個人的生命都是一本書，透過聊天從對方身上學習到的事，絕對不會輸給學校所教的內容。**更重要的是，我還把每個人都當成了Model（模特兒），每一位客人都是獨特的，當你用心做出專屬她們的造型時，她們走出去就成了活廣告，一個介紹一個，自然會吸引到新顧客上門。

一點一滴的累積實力，成就了我的蛻變；我更有自信、眼界也更開闊了。

蛻變，往往來自於一點一滴的累積，以及生活方式的轉換。工作之餘，我還會跟同事到附近的別墅泳池去游泳，長期有規律的運動，不只讓我原本瘦小的外型看起來更健康，整個人的心胸也變得更開闊。

二十出頭來到威靈頓山莊，在這個自由、多元、開放的環境下，生活了至少五年，離開時，二十六歲的黃馬琍，雖然還只是一位髮型設計師，但因為長期跟外國客人接觸，受到西方文化的薰陶，展現出來的自信已經不一樣。若是以商品來比喻，「黃馬琍」已經慢慢找到商品定位，甚至做出市場區隔。

精進刀法　赴英短期進修學會飛剪

台語有句俗語說：「戲棚下站久就是你的。」從十二歲進入美容美髮這一行，經歷求職過程中，無數次的被拒絕，一直到二十八歲做出自己的專業口碑，一晃眼就是十六個年頭。

為什麼我要離開威靈頓山莊？原因是，我知道想在這一行做出更大的口碑，主戰場還是在台北市中心；另一層顧慮是，威靈頓的這些外國客人，終究會隨著美援的結束，一個一個離開台灣，屆時勢必會面臨客量銳減的困境，怎麼辦？

我評估事情的眼光，向來都會放得比較遠——這是上帝給我的另一個禮物。

回到台北市中心的第一個工作點，是在六條通一帶，也就是現今的中山北路一段一〇五巷和林森北路一〇七巷。「條通」是日文當中「巷弄」的意思，日治時代從一條通到十條通，住的大多數是日本人，還有許多日式的店。直到一九五一年四月，美軍顧問團駐台，條通商圈才開始改朝換代，變成「阿多仔」的天下，性服務業因運而生，美容院的生意也跟著蓬勃，主要客源就是那一帶的「上班小姐」。

我那些住在威靈頓山莊的老外客人，非常死忠，許多老外貴婦為了參加六、日的Party（舞會），寧可花上一個小時，也要從北投山上趕到林森北路，人數之多，據說還創下六條通最多老外穿梭的紀錄。

我是一個非常熱衷甚至可以說是非常渴慕學習的人，才會不斷透過環境的轉換來累積專業裝備。那時候的美髮產業並不注重教育訓練，或是緊密結合時尚脈動，為了多學一點，早點「出師」變成一流設計師，最快的方式就是選擇待在不同特色的美容院。

以同理心為出發，自行創業成為經營者之後，我特別重視員工在職進修這一塊。我深以為，每位員工都是一顆珍貴且潛力無窮的種子，只要公司能提供沃土供其發芽，且定期澆灌和施肥，日後必能長成一棵堅固的大樹。或至少，不用再像以前的我，得靠著跳槽來吸取養分，讓每一個員工都可以安穩地在喜悅集團長期紮根和茁壯。

這正是當下很多年輕人最缺乏的：有意識的自我養成。這個概念並非意味著，要不斷轉換工作或跳槽，而是，你知不知道自己為何要從事眼前這份工作？只為了糊一口飯吃？還是有更重要的使命和目標？**大方向確定了，才能慢慢架構出未來的輪廓，引發學習動機。**

十幾歲，還在宜蘭羅東鎮當美髮助理的時候，我就經常會到當地比較有名的大美容院去消費，體驗其服務方式。當時年紀小，沒有什麼「市場調查」的概念，這麼做純粹只是出於興趣和好奇，過程卻對我有很大的啟發，也因此更懂得如何服務客人。

我很渴求技術的精進。離開威靈頓山莊，重新回到台北市中心的時候，台灣正好在流行「香菇頭」。這個髮型的創意發源於英國的一位髮型設計師維達沙宣

（Vidal Sassoon）。後來會傳入台灣甚至引領風潮，是因為有一位香港設計師來台開店，專門剪沙宣式香菇頭，相當轟動。曾經有一位老外客人告訴我說，她到那家店消費，等候了三、四個小時，設計師卻只花三、四分鐘就完成她的造型，看到的結果是「Different face, same style.（不同的臉，相同的造型）」。而且即使是這麼受歡迎的一家名店，最後卻也因為規劃不當，紅了幾年就沒落。

好學又喜歡嘗試的我，當然也搭上這波熱潮，以消費者身分到這家店裡見識了一番。但其實這時候，國內的環境已經無法滿足我對美髮技術的渴求，發現這一點之後，我便明白，是時候該將觸角伸到國外去了！

當時，美容美髮界非常流行邀請英國名師來台灣，開設課程教本地設計師剪一些較具有時尚感的髮型。費用通常不便宜，兩天下來，學費就高達八千多塊台幣，為了配合上課時間，還得事先請假；一有機會，我還會直接飛到英國參加短期進修。沒記錯的話，當時的月薪不過一千多塊，為了支付龐大學費，我通常是先用標會的方式來取得一筆錢，之後再慢慢還。

投資自己，永遠是最值得的一件事。很多人無法理解，為什麼我要投資那麼多在技術方面的學習，殊不知，一分耕耘一分收穫，這些學費很快就轉換成實際的報酬，因為我只要學會一項新技術，就能馬上學以致用，讓客人明顯感受到不同。

舉例來說，剪髮大致分為「切斷（剪層次）」和「調量（打薄）」，依據需求不同，設計師使用的剪刀規格也不一樣。我從國外設計師那邊學會了「飛剪（或稱揮剪）」，無論剪什麼髮型，只要一把剪刀就搞定。而且每個人的髮量不同，如何讓髮量多的人看起來造型輕盈、讓髮量少的人看起來頭髮蓬鬆，同樣牽涉到設計師當下的直覺判斷，真要細究，恐怕都可以另外出一本髮型工具書了。

在此我更想分享給大家的觀念是，**永遠不要停止學習。**《聖經》〈以賽亞書〉54章2節經文說：**「要擴張你帳幕之地，張大你居所的幔子，不要限止，要放長你的繩子，堅固你的橛子，因為你要向左向右開展。」**

跨出舒適圈，才能看見新的風景！

累積裝備　從時尚美髮到新娘造型

「飛剪」學有所成，讓我一下子累積了不少客源；但真正將我推向設計師生涯高峰的專業技術是，新娘造型。

離開六條通的美容院，我到一家日本人開的店工作一陣子，便於一九七八年正式加入生命中最重要的一家專門做新娘造型的名店。這家店名氣很響亮，當時的幕後大老闆，時任沙威隆公司總經理，他同時也是我的面試官，應徵當天只用英文問了我幾個問題，隔天就請人通知我去上班，過程相當地順利。

得知被錄取的消息，我開心極了！在經歷過無數次的拒絕，終於讓我如願以償，加入了名店的行列，往頂尖舞台邁進。更重要的是，我在威靈頓山莊做老外造型的經驗，這時全都派上用場，因為老外很喜歡辦Party，連續幾年的訓練之下，我對於Party Style的包頭造型，駕輕就熟。再加上，那段時間閱讀了很多國外的雜誌，從中吸收到很多美感概念，也對我在做新娘造型這一塊很有幫助。

很多人都以為，所謂的包頭，就是把頭髮盤起來而已，實際上卻不然。一個**真正稱得上好看的包頭，必須同時考量五官和臉型**，比方說，客人的眼尾比較下垂，可以透過將部分頭髮稍微拉緊的方式，將眼神往上提，讓整個人看起來更為年輕有朝氣。

再以臉型來區分。比較瘦小的新娘，就要透過髮型設計，讓她的臉型看起來比較福相，才會有長輩緣，尤其是中國人特別注重這一點；方形臉的新娘，則是要讓她變得比較秀氣；太長或太圓的臉，同樣可以透過髮型來進行修飾。我甚至連細節都注意到了：如果新娘的年紀比新郎大，或是新娘本身看起來比較成熟，就要搭配比較年輕的造型，讓新娘看起來比實際年齡少個五到八歲。（詳見80至84頁）

一來到這家名店，我就告訴自己，**一定要讓每位從這家店裡走出去的新娘子，都是最漂亮的，成為活廣告。**

新娘造型示範

[眼尾下垂]

[臉瘦小]

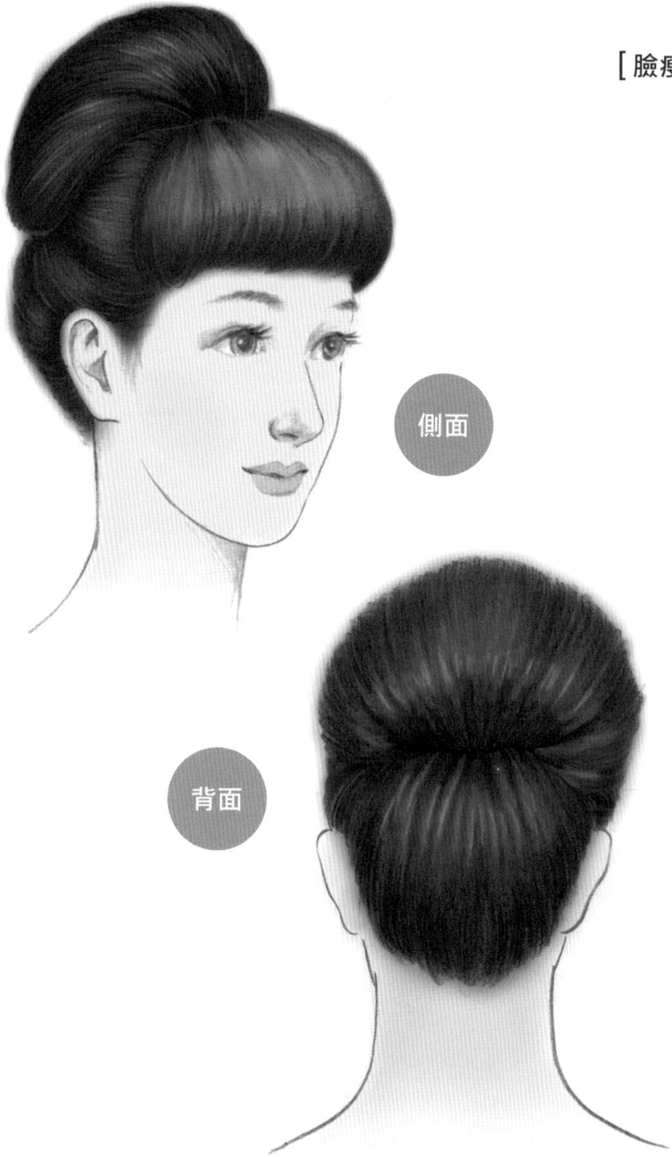

[方型臉]

左側面

右側面

[圓形臉]

小時候，我對新娘子的印象都一樣，就是：「好醜！」不只臉上的妝都哭花了，手上的捧花還千篇一律都是劍蘭，實在是一點創意都沒有。好不容易，有機會親自幫新娘子做造型，當然要積極改良一下囉！

我的作法是，把先前做老外的西式時尚美感，運用在東方人的身上。我會以新娘子的臉型來做整體造型，決定頭髮要怎麼盤？花要插在哪一個位置？造型一完成，新娘子都滿意得不得了。

我剛開始做的時候，每天經手的新娘子大概只有三、五個，但透過宴席間口耳相傳，前來做造型的新娘子人數，很快就從二十幾個、三十幾個、六十幾個，一直增加到平均每天有七、八十個，每天的營業額都非常可觀。

那麼多新娘子怎麼應付得來？關鍵就在於：把每一個流程和動作都標準化。助理的手腳也要特別快，一看到我伸手出來，就要知道這時候該遞髮膠還是夾子，每一分每一秒都很重要，因為台灣人很重視嫁娶的時辰問題，時間到了就一定要讓新娘子離開，拖延不得。**如何在最短的時間內，同時將好幾個新娘子的造型做到最美，是我每天都要面臨的考驗。**

在這家店待了三年，一路從設計師升到店長，負責管理整家店，當時的我，對於自己創業當老闆這件事，絲毫不敢躁進，原因很簡單：壓力太大了！我曾經試想過，若是真的開了一家店，生意不如預期，但租金和薪水還是得照付，怎麼辦？種種的顧慮背後，其實說穿了，就是還不想承擔責任。

一場衝突 開始認真考慮創業之路

人算不如天算。生命的齒輪，終究還是將我推向創業這條道路，只不過，方式令人有點錯愕。說得更直接一點，我的創業行動是被激出來的。

我和老闆娘之間的第一波衝突，是因為我調漲洗頭價格，被她當著所有同仁的面，狠狠罵了一頓，但其實事先我已經向老闆報告過，也得到允許。況且當初會調漲價格，也是考量到生意實在太好，老闆不願意增聘人手，卻又把業績目標訂得很高。身為店長的我，權衡之下，只好祭出「以價制量」的策略，將洗頭價位從一般的八十元，漲到一百二十元。結果客量不僅沒有減少，還越來越多，老闆娘看到營業額不減反增，便跑來跟我說：**「妳決定調漲價格，是對的！」**殊不知她早先的處理態度，已經讓我的向心力開始動搖。

漲價事件落幕沒多久，另一波更大的衝突，隨之而來。當時有一位當紅演員兼主持人侯麗芳，指名要我為她做新娘造型。直覺告訴我，這是為店裡打響知名度的一個好機會，當然要多花一點時間來打理相關事宜，例如：頭花的挑選。當時，為了挑選合適的鮮花，我還親自到台北花市走一趟，期間，老闆娘剛好來巡視，發現我人不在店裡坐陣，非常不高興，竟然就跑進辦公室，將我桌面上的東西全都橫掃在地。

這一幕，讓所有同仁都嚇到了！氣氛，幾乎凝結。但衝突劇情的高潮點是發生在——我走進店裡的那一刻。

「剛剛老闆娘來，發現妳不在，很生氣，就把妳桌上的東西都丟在地上……」還來不及喝口茶、喘口氣，同仁就心急地告知我這個消息。

找不到人理論，內在情緒從憤怒轉成了委屈。尤其是當我看到座位宛如被砲火掃射過，所有的文具、時尚雜誌、班表文件等，全都散落一地，簡直失望到了極點。店裡的空間並不寬敞，辦公區也坐滿客人，情緒激動的我，找不到地方可以掉眼淚，便從二樓店裡奪門而出，同時在內心暗自作了一個決定，那就是自行創業。

從原先只想成為一個一流設計師，到後來決定創業成為經營者，如此戲劇化的轉折，連我自己都料想不到。即使過程中遭遇到的不堪，一度讓我很受傷，但我還是很感謝這家店的老闆和老闆娘，若不是因為發生那些事情，我不會有那麼大的動力往前跨一大步，所以現在看來，當時的打擊反倒成為生命中的一股重要激勵！

我願意！學習成長筆記

學習成長，突破生命格局

學習，才能帶來實質的生命成長。很多人都以為學習是要花大錢的，其實不然，只要懂得把自己放對環境，清楚階段性的養成重點，一樣可以邊工作邊學習。

將理念化為行動

❶ 了解自己想成為什麼樣的人。
❷ 選擇合適的環境，精進技能。

把每一位顧客都當成「重點主打」

各行各業都一樣，想打造專業口碑，不能單靠在大太陽底下發傳單，或是砸錢做廣告，而是把每位顧客都當成Model來做造型，讓顧客成為你的活廣告。

將理念化為行動

❶ 找出顧客外型獨特性，截長補短。
❷ 發自內心同理顧客的愛美需求，造型客製化。

立定目標前進，過程保持彈性

立定清楚明確的目標，就像是一個羅盤，可以指引人生方向的前進。但在自我實現的過程中，仍然要懂得保持彈性，因應周遭環境的變化，適時調整，才能迎接更多的可能性。

將理念化為行動

❶ 確立價值觀，釐清生命中最重要的事。
❷ 觀察環境風向球，進行必要調整或改變。

這一点筆記留給您

這一点筆記留給您

Chapter 3

創業成長

喜樂觀

想鼓勵一些有志從事髮型設計的年輕人，
在累積專業實力的同時，
也要懂得適時地自我行銷。
更重要的是，天下沒有白吃的午餐，
想要出頭天，就不要怕吃苦或吃虧，
因為任何小小的合作機緣，
都可能是一個足以讓你翻身的機會。

面臨到困難的時候，不要只是埋怨，
有時候那個困難所激發出來的火花是很美的，
千萬不要因為沮喪，忘了抬頭欣賞夜空的璀璨。

技術加行銷　成功打響黃馬琍名號

離開最後一份支薪工作沒多久，一九八一年，我就和其他三位股東，聯袂創立了「喜悅髮型美容設計公司」。第一家店的位置，位於台北市長春路。

我覺得「喜悅」這兩個字很棒、很有意義，尤其我們做的又是新娘造型，「喜」這個字聽起來很喜氣，「悅」這個字也有開心的感覺，十分吻合新娘子出嫁的心情。中國人很重視好兆頭，名字如果取得不好，新娘子的感覺也不對，所以取名「喜悅髮型美容設計公司」是對的，唸起來就讓人發自內心地感到快樂。

創業要成功，合適的名稱和地點只是基本條件，如何洞悉趨勢、鎖定目標族群，進而做出市場區隔，才是攸關企業成敗的關鍵。

當時我選擇切入「新娘市場」這一塊。那個時候美容業要做到大業績，一定要等到過年過節，做新娘市場的好處就是，每個禮拜都在做大業績。

為了兼顧客人的需求，一個禮拜七天，我必須平均分配時間，例如有兩天待在忠孝店，兩天回長春店。開到台中店的時候，一個禮拜也要到中部兩天，那個年代沒有高鐵，往返台北和台中只能搭客運，辛苦又耗時。我人在哪一家店，哪一家的業績就特別高，但這畢竟不是長久之計，幸好店裡的設計師都很努力，他們每一個都是我親自教導的學生，很快就做出口碑。

全盛時期，全台灣的喜悅髮型分店有二十多家。當時採取的行銷策略就是透過媒體報導，打響「黃馬琍」三個字的知名度。

記得以往在老東家擔任店長時，每個月都要跟其他部門的重要幹部到老闆家開會，不同於老闆娘採取傳統美容院的經營方式，老闆很有企業經營概念，每次開會都像是在幫我們上課，所以我都稱呼老闆為「老師」。從小我就有個長處，就是看什麼學什麼，跟在老闆身邊的那幾年，讓我學到不少經營和行銷概念，對後來的創業都有很大的幫助。

舉例來說，像有些大企業，每年都會有所謂的廣告預算，這筆錢除了用來買廣告之外，有時也會用來贊助某某節目的播出，目的就是在節目結束時，露出企業名稱，打響知名度。高明之處就在於，很懂得一魚多吃，利用節目平台，讓主持人介紹某某新娘造型或服裝，旁邊再打上「某某公司提供」四個字，或是直接採訪該贊助廠商的大老闆，幾次下來，就會讓該企業的名氣越來越響亮。

這就是市場競爭法則的現實，當你越被認識，事業經營就會越順暢。我常形容，名氣好比是一個無形的認證，一旦被蓋上合格章，願意掏錢買你單的人就會增加，連帶收入也會大幅提升。**很多人都希望收入倍增，但光是「想要」是沒有用的，還要有「行動力」，這「行動力」指的是積極讓技術更新、更好、更熟練，而且願意投資行銷費用，才能爭取到被認同的機會。**

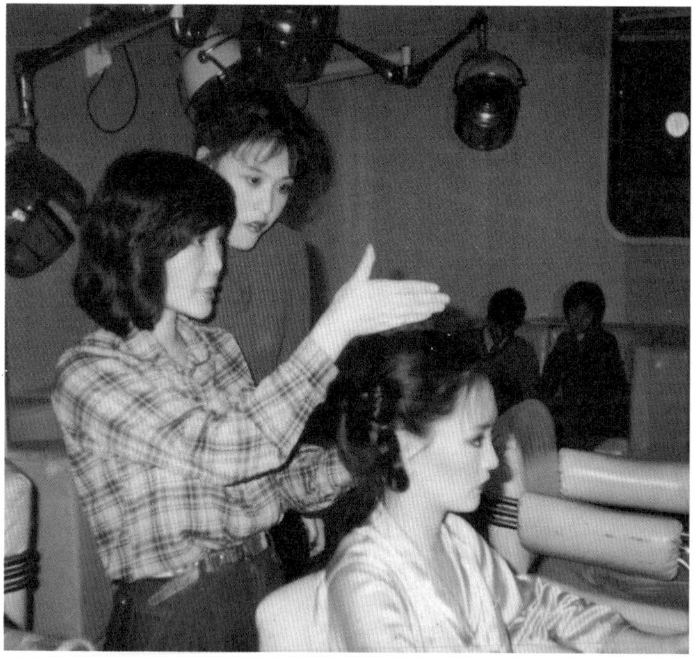

在全盛時期，喜悅髮型在全台的分店共有二十多家，為兼顧客人的需求，我每個禮拜必須分配時間到各店坐鎮指導。圖為我在長春店為店裡設計師示範造型。

專業出頭天 成為時尚節目固定班底

第一家店成立之後，我就開始買報紙版面來做廣告，先讓大家知道有「喜悅髮型美容設計公司」這個名稱；至於個人在媒體曝光的機會，這種機運可遇不可求，沒想到還真讓我碰到了。

找我做造型的客人來自各行各業，其中有一個是模特兒，名叫蔡青樺。這個名字，年輕一輩的人可能比較陌生，她是資深藝人柯俊雄的太太。三十多年前我們相識時，蔡青樺從事模特兒工作，後來才轉行成為服裝設計師，當時就是她介紹我到中視的《新姿剪影》節目，還成為固定班底。

《新姿剪影》是一個專門介紹時裝造型的節目，固定在每周六下午播出，型態類似現在藍心湄主持的《女人我最大》，每一集都會邀請造型師來為模特兒做造型，並在現場進行解說。當時能受邀上節目的造型師，都是一時之選，以臉部彩妝來說，就是由當時的彩妝專家石美玲來主講。

當時的我，雖然在美容業已經小有名氣，在《新姿剪影》節目裡卻是個不折不扣的菜鳥。凌晨一點的節目通告，別人十二點到就可以了，我卻在晚上七、八點就要到那裡等，而且一等就是好幾個小時，換到我錄影的時候，看看手錶，都已經是凌晨三、四點，但真正在電視上露出的時間，也只有五分鐘。

最早去、等最久，這些在他人眼中看來，不太公平合理的對待，我卻欣然接受。因為我最小咖，所以才會被排在最後一個錄影，這樣的現象在媒體圈來說是正常的。而且，能夠有機會上這麼有影響力的節目，感謝都來不及了，怎麼可能抱怨？這個節目帶給我的幫助真的很大，我永遠都感激在心。

機運的開啟，通常是環環相扣。有了《新姿剪影》這塊敲門磚，其他的曝光機會也陸續找上門，第一個和我接觸的，是負責幫《時報周刊》拍封面的知名攝影師陳文彬，他的另一個身分是歌手葉璦菱的先生。那個年代，很多歌手的專輯封面都是出自陳文彬之手，拍攝手法之好，太太葉璦菱都曾自爆說，有次公司拿她的劇照去接洽咖啡廣告，廠商知道是陳文彬拍的，便要求先看過葉瑷菱本人才行，因為陳文彬總是能把藝人都拍得很美。

在陳文彬的指定下，那時候《時報周刊》很多藝人的造型都出自我手，慢慢地，這些藝人也變成我的固定客人。跟周刊合作的另一個好處是，出版品上會刊登出造型師的名字。為了讓「黃馬琍」這小小三個字能夠曝光，我經常要熬夜做造型，過程非常辛苦，但也很值得，個人知名度因此大開。

當時創下的最高紀錄是，三天兩夜沒闔過眼。那個時候就曾經面臨過，第一天錄《新姿剪影》錄到凌晨四點，下通告之後，不是回家睡覺，而是回到店裡做新娘造型，當時有一堆新娘等著我，不回去都不行；第二天忙完店裡，晚上又再前往中視配音，說明為什麼這個造型要這樣做，那時候沒受過配音訓練，常常錄了很久還錄不好。好不容易大功告成，一樣又得回到店裡做新娘造型，從凌晨做到白天，等於連續工作了至少六十個小時。

我為什麼要這麼拚？那時候拚了命要往對的地方走，就是希望能打響「喜悅」這個品牌，也讓「黃馬琍」這個名字能被認識，如此一來，才能讓自己的實力讓更多人看見，吸引客量到「喜悅」。

偶爾，我還會應邀在報紙發表一些最新造型，當時《中國時報》的婦女版編輯就經常找我合作。為了因應報社需求，即使再忙，趕在季節轉換前，我事先就會準備好要發表的作品，告訴讀者新一季的流行趨勢，像是從冬季進入到春季，流行什麼樣的髮型和彩妝。

其實他們也可以找其他造型師合作，但因為我的準備功夫比較充足，提供的作品內容又很完整，加上知名度也逐漸打開，自然就成為不二人選；另外，每到過年，也是我接受媒體採訪的高峰期，記者都很關心，旗下擁有好幾家分店的喜悅集團，過年期間會不會漲價？那時候的我，在業界算是指標性人物之一。

分享這些過程，並不是要強調自己有多厲害，而是**想鼓勵一些有志從事髮型設**

計的年輕人，在累積專業實力的同時，也要懂得適時地自我行銷。更重要的是，天下沒有白吃的午餐，想要出頭天，就不要怕吃苦或吃虧，因為任何小小的合作機緣，都可能是一個足以讓你翻身的機會。

跨足SPA產業 邀請鍾楚紅來台剪綵

最高明的行銷之道，就是將品牌精神充分體現在細節裡。這樣的理念不只適用在企業經營，就算是在路邊擺小攤子，道理也是一樣。

每次走在東區巷子裡，或是逛夜市看到一些攤子，我都會忍不住在心裡想說，如果我是他們，第一個，會讓攤位保持乾乾淨淨；第二，如果是賣吃的，我會穿廚師服、戴頂高帽。也就是說，做什麼都沒關係，重點是如何突顯你的不同。

這是一個行銷無所不在的年代。無論從事什麼工作，每個人都應該具備自我行銷的概念，把自己當成一個品牌來經營。我的兒子想當一個藝術家，我也常跟他說：「如果你要成為一個畫家，一定要懂得行銷自己的畫，不要像過去一些藝術家一生窮困潦倒，等到離開世上之後，作品才開始大賣……」我一直認為，創作跟包裝行銷是相關聯的，畢竟有足夠的收入，創作之路才會走得長久、更精采。

身為一個企業家，我也從來不會自我設限。像是我的數字概念很差，前幾年碰過財務危機，就開始學習做財務規劃；同樣地，今天並不是說你是藝術家，就不需要懂財務或行銷，一切還是回到願不願意學習的問題。**一個人若是能在自身的專業之外，也對其他領域多加學習，就會更無往不利。**

企業的經營，更是如此。這三十多年來，經常有工商組織邀請我去演講，分享創業經驗，我曾經歸納出**創業成功的五大祕訣，分別是：市場區隔、洞悉趨勢、目標管理、延伸觸角，以及不斷學習成長。**

經濟部曾經在《二〇〇六年中小企業白皮書》公布過一項統計，結果顯示台灣中小企業的平均經營壽命只有十三年。這個數字清楚說明了，企業的經營就跟人生一樣，不進則退，想從A到A^{+}，就要不斷力圖轉型。

基於這樣的思考，同時因應時代潮流，二〇〇一年，喜悅集團正式從美容美髮業跨足SPA產業，成立「Merry SPA喜悅活髮美塑館」。四百多坪的旗艦店，開幕當天，請來八〇年代當紅女星鍾楚紅剪綵，轟動一時。

我和鍾楚紅結識於《竹籬笆下的春天》這部電影。劇中，鍾楚紅飾演的是一位從小在眷村長大的女孩，聰明、漂亮、個性開朗，人物性格十分吻合現實生活中的她。當時一起演出這部電影的，還有蘇明明、林瑞陽、費翔，都是台灣當時很知名的一線演員。

特別受邀從香港飛到台灣拍電影，鍾楚紅的造型都是由我一手包辦，兩個人還因此變成了好友。自此之後，她只要來台灣，下飛機的第一件事，就是打電話請我做造型。即使後來創業當老闆，我們還是保持密切聯絡，因為我們之間的情誼，早就已經超越一般的工作夥伴，私底下我都直接稱呼她「阿紅」。

我一直很以有阿紅這位朋友為榮，更感謝她曾經在我生命最低潮的時候，陪伴過我。過去有一段時間，我因為情傷陷入嚴重憂鬱，有次和阿紅通電話，她才開口問：「**妳過得好不好？**」電話這一頭的我，眼眶就紅了。得知我當時因為感情因素，過得並不好，她還花不少時間開導我，讓我非常感動。

五十一歲那年，跨足SPA產業，我第一個想到的人，也是阿紅。就我所知，她在嫁給香港廣告才子Mike之後，夫妻倆就經常到世界各地旅遊，接觸過各國的SPA，開幕當天若是能請她來站台，應該是最適合不過了。只不過想歸想，結婚後就鮮少公開露面的阿紅會不會答應，其實我也沒把握。

事實證明，阿紅真的是一位很有義氣的朋友。我一通電話打到香港去，阿紅二話不說，馬上就答應了。和丈夫Mike來台之後，第一件事就是到我開的SPA館來實際體驗，當時的訴求對象以女性為主，因此Mike就建議我，應該把男性市場一併列入考慮。我聽了覺得有道理，隨即將原本的健身房打掉，改成Men's SPA，這在當時可說是首開先例。

位於台北市敦化南路，為了打造這間SPA館旗艦店，我一口氣砸下了數千萬，還為此揹負不少銀行貸款，幸好，因為經營策略打得對，短短一年四個月就償還銀行貸款。打鐵要趁熱，有了市場和資金作為後盾，喜悅集團還開始將經營版圖跨到TV Shopping（電視購物），開展新局面。

善用情勢風向球　敵人也能變貴人

二○○四年，「Merry SPA喜悅活髮美塑館」天母店正式成立。應我的邀請，阿紅再度從香港飛到台灣為Merry SPA剪綵，當天同樣又引起台灣媒體的大篇幅報導，廣告效果十足。

有時候我也不免會想，自己何德何能，竟然能交到阿紅這麼一位好朋友，還三番兩次蒙受她的照顧。說實話，當初要不是阿紅情義相挺，不辭辛勞從香港來台，Merry SPA恐怕很難在一開始就得到這麼多關注和報導，這也就是為什麼，我一直強調行銷很重要。

然而，比起一時的行銷概念，更為重要的是，待人處世的態度。讓我們將時間拉回到一九八四、五年，《竹籬笆下的春天》開拍當時，三十五歲的黃馬琍因為工作認識了二十五歲的鍾楚紅。即使兩人合作順利，若私下相處卻是話不投機三句多，如何成為真正的朋友？若當時沒有建立工作以外的情誼，我又怎麼能在十多年後有機會請到阿紅這位貴人，為Merry SPA成功打響第一炮？

什麼叫貴人？很多時候我們都以為，所謂的貴人，就是手上已經捧著很多好處來敲門的人。實際上，這種機運可遇不可求，而且若真有這樣的人出現，你反而要小心評估當中是否潛藏著什麼陷阱。

曾經有一位南部出身的女立委帶著朋友來找我，說她準備在中國大陸執行一項投資計畫，問我想不想一起合作，還信心滿滿地保證這項投資一定可行。說實話，我很難判斷她所言是真是假，尤其在當時，很多台資企業看準大陸市場，紛紛趕著西進，眼前的這項投資機會，確實令人心動。

憑著直覺判斷，我還是拒絕了對方。那位女立委跟我接觸的過程中，話一直講、一直講，絕大部分的時間都是她在發表意見。試想，若是一個合作的對象，從頭到尾只顧著自己講話，我連提出意見的機會都沒有，怎麼合作？根本不可能並肩作戰。這個時候，若是還貿然把錢投下去，讓這樣的合作對象去執行投資計畫，等於是拿錢給別人燒。結果證明，我當時的判斷是對的，那位女立委後來不只把人家投資她的錢都虧光，還負債累累。

回到「貴人」這個概念。我向來認為，**一個人能否邁向成功的關鍵之一，在於有沒有能力把接觸過的每一個人，都變成階段性的貴人，即使對方的所作所為，表面上看來是對你的一種傷害。**

就拿創業這件事來說好了！讀過前面故事的人就知道，我會當老闆，完全是被以前的老闆娘刺激出來的。被她誤會或羞辱的當下，我真的好氣好氣，但也因為這個氣，激發我內在那股不服輸的動力，進而願意挑戰原先最不願意嘗試的事情——創業當老闆，從這個角度來看，那位前老闆娘反而成了上帝派來引領我走向創業的一位貴人。

危機，往往是轉機，更是商機。一個人面臨到困難的時候，不要只是埋怨，有時候那個困難所激發出來的火花是很美的，千萬不要因為沮喪，忘了抬頭欣賞夜空的璀璨。

越是在乎　越不知如何表達內心感受

回首這一路走來，我也不是沒有遺憾或做錯的時候。

比起生命中的其他貴人，阿紅的角色當然來得更直接，她就真的是我的一位摯友兼貴人。我非常在乎阿紅這位朋友，但也因為太過在乎，而一度失去我們之間長達數十年的情誼。

事情是發生在二〇〇七年八月。有一晚，我主動打電話到香港給阿紅，想問候她的近況，卻隔著電話筒聽到濃濃的鼻音，原來，當時她的先生因為罹患大腸癌，身體情況非常不樂觀，讓阿紅的情緒非常低潮，顯然是剛哭過的樣子。

電話這一頭的我，得知Mike罹癌而且情況不樂觀，整個人都呆住了，因為我一直非常敬重Mike，而且他又是阿紅的先生，怎麼說，他都是一位非常重要的朋友。一時無法接受這樣的噩耗，我的眼淚撲簌簌地掉個不停，擔心開口說話，哽咽聲會讓阿紅發現我的情緒已經潰堤，一聽完她轉述Mike的狀況，「啪！」我就把電話給掛了。

真的！當時的我竟然就這麼硬生生地掛掉電話，連一句安慰的話都沒說，沒能顧及電話另一頭阿紅的感受。

換作是誰都沒辦法接受這樣的對待吧！正是那個掛電話的動作，讓我和阿紅之間原有的緊密連繫，也自此斷了線。雖然在二〇〇七年九月，我飛往香港參加Mike的追思禮拜，也沒適當機會好好安慰她；後來，有好幾次她來到台灣，即使有機會通上電話，但我感覺不再像以往熱絡了。

我不知道是不是自己想太多，但總認為，當時沒有在第一時間透過電話安慰好朋友，真是大錯特錯。事後我一直很懊惱，為什麼那個當下只想到面子問題，忽略了好友的需要，畢竟深愛先生的她，那時候是多麼需要被陪伴和安慰啊！

是什麼樣的內在阻力，讓當時的我，如此害怕脆弱的一面被阿紅看見？又或者說，是什麼讓我如此害怕讓阿紅發現，原來我對她是那麼在乎？

這件事讓我開始反思，過往的生命當中，似乎有個「特定模式」一直在主導著我，那就是**我對於越在乎的人，就越不知道該如何表達自己的真實感受。不只對好友如此，我對兒子也是一樣，明明關心得很，表現出來的樣子卻像是不太在乎**；但面對其他人，我的情感又可以相當直接。這麼一個矛盾的自己，有時也會讓我搞不清楚到底是怎麼一回事。

從潛意識的觀點來看，我在猜，這或許跟早期的成長經驗有關。從小就生活在一個「被拒絕」的環境，我的自我概念一直很低落，覺得自己是沒價值，不值得被疼愛的；漸漸地，我也不太表達內心的感覺，因為說了也沒有人在意，甚至還有可能會挨罵，何必自討苦吃呢？

久而久之，我學會掩飾最真實的感受，無論是難過還是悲傷；我學會了不輕易把愛說出口，對於越在乎的人越是如此。每當我想試著訴說情感時，心底就會出現一個小小的聲音，提醒我：『嘿！不要說，萬一說了之後，對方不領情，只**會讓自己更難堪、更丟臉。』**

另一個原因是，我一直認為在別人面前傷心眼淚，是非常丟臉的一件事。就連媽媽安息主懷，喪親之痛讓我每想到媽媽就忍不住掉淚，但私下哭可以，在別人面前我都會盡量克制住情緒；面對Mike罹癌那件事也是一樣，明明心裡難過得很，卻因為怕丟臉，不願讓好友發現自己已經淚流滿面，就怕情緒失控而失態。

藉由一次次深刻的自我省察，讓我開始思考，是不是應該藉由這本書的出版，坦承當時的脆弱和害怕，並公開向好朋友道歉。

跨出這一步，真的很難！但我還是決定在這裡向阿紅Say Sorry。

「阿紅，對不起！」

我不想、也不願意放棄我們之間的友誼。真的很想跟妳再好好敘舊、話家常。

好友成創業夥伴　衝突中建造彼此

每個人都一樣，若不是經過一次又一次的刻意練習，甚至是自我挑戰和突破，想擺脫原生家庭對自身人格的影響，還真是不容易。而且個人生命中，每一段深刻關係的建立，其實也都跟本身的內在需求有關，否則來來去去那麼多人，為什麼偏偏是那個人成為你的好友，或者是伴侶呢？

我很感謝的事情是，雖然比起一般人，我並未擁有太多來自家庭成員的陪伴，卻也因此結識了不少生命摯友，像是前喜悅髮型SPA館的副董事長楊智茵，我習慣稱呼她Linda。

談到喜悅集團的創立，就不能不提到Linda。一九八一年，當我決定離開舊東家，自立門戶，有三位工作夥伴也跟著我一起離職，其中一位就是Linda。我們四個人，專長各有不同，包括我在內有三個人負責髮型設計，一個擅長彩妝。合作過程中因為經營理念不同，難免發生過一些衝突，卻抹煞不了那段胼手胝足的日子，在彼此生命當中占有的重要地位。

尤其是Linda，我永遠記得她第一次出現在我生命中的模樣。當時，年僅十六歲的Linda，拎著一個皮箱，獨自從台東來到台北，想在美容院找一份工作。身為美容院的員工，當我看到眼前這個女孩，穿著一件傘裝，雙頰還紅通通的，真是可愛極了！

共事幾個月，我就離職了。有天，我回美容院支領前一個月的薪水，Linda見機不可失，便主動跑過來問：「**我可以跟妳一起走嗎？**」

「**好啊！**」自此，我和Linda結下不解之緣。

成長背景的關係，我比誰都還清楚被遺棄的感受，所以當有一個人滿懷誠懇，希望我可以帶著她一起走，很自然地，我就覺得有責任要好好照顧對方。就連我在威靈頓山莊工作那段時間，固定會到青年服務社進修，她也會跟著我一塊兒去。

我們之間沒有血緣關係，卻比親姐妹來得更親。就連她結婚的時候，我雖然沒什麼錢，還是包超過兩個月薪水的紅包給她，現在提到這一點，不是為了突顯當時的紅包有多大，而是想強調我真的很在乎這個好姐妹，紅包只是表達心意的一種方式。

Linda婚後，我們還是經常見面。Linda的丈夫因為工作關係，經常不在家過夜，我只要一放假就會往她家跑，晚上，兩個人擠在同一張床，如往日般談天說地，常常讓我忘記她已經成家了。

後來，Linda的孩子出生，有天晚上睡到一半，被小嬰兒的哭聲吵醒，望著黑壓壓的天花板，我才驚覺到，不能再這樣下去，Linda已經有一個屬於自己的家庭，我也應該要獨立過活，但即使不再三天兩頭就去找她，我們的感情還是一樣深厚。

反而是合作創業之後，我們的關係一度降到冰點。而其實想想，親如家人都會吵架了，身為公司合夥人的我們，幾乎每天處在一起，怎麼可能會一直相安無事？

衝突的發生，並非不好，但用什麼方式面對衝突，以及衝突過後如何化解，就真的需要智慧了。而實情是，那個時候的我們都太年輕，缺乏處理衝突的能力，以至於彼此都講過一些嚴重傷害對方的話。直到我們都信主，才在上帝的愛裡學會和解，修復破裂的關係。

曾經發生過的不愉快，不會在腦海憑空消失。我和Linda之所以能夠和解，並不是強迫自己遺忘負面記憶，而是真理的教導，讓我們學會用全新的眼光，去看待曾經發生過的每一件事情，也看見對方在自己的生命中，帶來的美好。

我永遠都不會忘記，在我們二十出頭的那個年紀，有次跟一群友人相約到新北市石門區的白沙灣去戲水。當時，我因為罹患重感冒，身體非常虛弱，玩到一半竟然就昏倒在沙灘上，情況一度危急。

我不知道自己怎麼了，卻在隱隱約約中，聽到有人不斷喊著我的名字，還語帶驚慌地說：**「回來啊！妳快點醒過來啊！」**

彷彿被植入愛的晶片。Linda當時的那一句：「Mary!」讓我強烈感受到，原來這個世界上還是有人需要我，自己的存在，並非可有可無。

一直以來，我都以為是自己沒有放棄Linda，但回憶起過往片段，才發現，其實Linda也一直沒有放棄過我。而這，正是我們帶給彼此的美好——用自己的不放棄，積極建造對方的生命。

尤其是媽媽安息主懷那段時間，我非常傷心難過，Linda是傳道人，經常帶著合一教會的會友到家裡禱告，不僅讓我很感動，她的默默陪伴也成為我內心的重要支撐。想一想，生命中能有幾個一輩子的朋友呢?若你也有這樣的忠誠友人，請好好珍惜，那是用再多錢都買不到的幸福。

另外，我也要特別感謝喜悅集團的副執行長黃玲苓，自從Linda這位創業好夥伴退出集團經營之後，玲苓便成了我的得力助手，帶領集團同仁們齊心向前邁進。

現今喜悅旗下有髮型、SPA、頭皮養護、美容保養品等事業，這一路上多虧有好友兼工作夥伴一起努力，才能有這麼美好的成果。

上帝帶領轉型　開啓TV Shopping行銷管道

我常跟人說，若是沒有信仰，我的生命不可能越變越好；同樣地，如果不是因為認識主，喜悅集團可能很早以前就結束營業了。

企業需要不斷轉型才能存活，但即使充分掌握了市場潮流和專業技術，一項新事業想做得起來，還是得靠天時地利人和，缺一不可，這就是為什麼我會說，沒有上帝，喜悅集團可能早就消失了。

無論是一九八一年成立的喜悅髮型，還是二〇〇一年開張的Merry SPA，全都一樣得靠「手作」，而且仰賴實體店面的存在。既要有充足人力，又要不斷擴點，光是管理和設點成本，就足以拖垮一家企業。於是我想，若是能轉型成以商品銷售為主，不就同時解決人力和設點問題了嗎？

當時有很多同業也一致認為，往這個方向去轉型是對的，他們也想這麼做。問題是，轉得動嗎？很難！喜悅集團真的是靠著上帝幫助，才得以成功轉動。

事情，要從我去就讀聖經學院開始說起。

位於台北市的天母東路，那所聖經學院的老師幾乎都是從國外調來的。入學那一年（二〇〇一年），正好碰上Merry SPA剛成立，照理說，我花了好幾千萬開一間店，當然要專注在經營上，而且只能成功不許失敗。但說也奇怪，當我在跟聖經學院校長當面談話時，眼淚竟然掉個不停，校長看了也嚇一跳，問我怎麼在哭。我向他解釋，不是我自己要哭，而是內心自然湧出來的一種感動。

後來我懂了，那是來自聖靈的感動。第二天，我就乖乖拿著一本聖經，從忠孝東路開車到天母東路去上課，從上午九點待到下午一點，每週五天。我是個出國率很高的人，那一年為了不想缺課，我只飛一趟紐約就再也沒有出國，直到從聖經學院畢業，才恢復先前的出國頻率。

也就是在那一年，神蹟奇事不斷發生。上帝最先讓我看到的是，雖然我為了就讀聖經學院，無法花太多心思在Merry SPA，它還是一樣運作得很好，業績蒸蒸日上；接著，就是那段時間，我請人從事一項保健食品的研發，遲遲沒有新突破，沒想到後來因為一筆奉獻，讓事情出現曙光。

有一天，我接到聖經學院校長的一通電話，那時候我已經畢業，那位校長也已經從天母調回美國去。越洋電話中，他對我說：「Mary，我急需五萬塊美金。」五萬塊美金，以近年匯率來計算，相當於台幣約一百五十萬，說實話，這對當時的我來說，要奉獻這樣的金額其實是有困難的。但一樣憑藉著內心的感動，我還是湊足五萬塊美金，匯到國外給那位校長。沒多久，我就接到通知，說那項保健食品已經成功研發出來，隨即可以準備上市。

或許有人會認為，那只是時間上的巧合。若真是如此，那我也只能說，那段時間巧合的事情也未免太多了。因為接下來，這項新產品還上了電視。

當時有個電視節目叫做《圓滿計畫》，專門教導民眾如何健康瘦身，那時候我以專家的身分受邀上節目。過程中，我以這項產品為例來解釋何謂健康瘦身，道理其實很簡單，老化或是身體代謝變慢，通常都是跟腸子的狀況有關係。很多人之所以肥胖，正是因為卡在體內的廢棄物太多，日積月累之下，不只腰部越來越粗，腹部也越來越大，說好聽一點是中年發福，實際上是體內卡了很多沒排出去的髒東西，在人體回收之後就變成虎背熊腰，人也會提早老化。當時，Merry SPA有個「抗老整腹」課程，專門幫客人按摩腹部的穴道，再配合這項產品的使用，就能將腸道的髒東西排掉，一天吃幾餐排幾次，自然不容易發胖。

節目一播出，馬上引起某位購物台製作人的注意，對方覺得我在節目中分享的概念是對的，肯定會大賣。果真，二〇〇三年，這項產品第一次在購物台LIVE（現場直播），就賣到翻，一點都不誇張！業績好到所有工作人員都嚇一大跳，再次證明了，這項產品的誕生，真的是神所賜下的恩典。

每次只要講到這段往事，我都會很慶幸，還好當時的一項大陸投資案沒有談成。投入TV Shopping（電視購物）之前，我們一直計畫要到中國大陸去設點，有次，在專業顧問的評估下，我們已經準備在上海古北開一家大型SPA，面積大約一千坪。無論就地點還是合作條件來說，其實都沒什麼問題，但那陣子我的心裡就是不平安，頻頻為此禱告。

簽約當天一早，我就被一個夢給嚇醒。夢裡，一位財務有困難的朋友出現在我的眼前，開著一部很破舊的車，宛如「匱乏」的象徵。夢醒後，我知道這是一個啟示性的夢，似乎在暗示著不能簽約。隨後進行每天清晨的例行禱告，禱告到聖經《申命記》第二十八章的經節內容時，我也一直哭、一直哭。沖澡時，我問神：「為什麼不能簽約？」便聽到有聲音從嘩啦嘩啦的水流聲中傳來，說：「太大了！太大了！」來自神的回應，如雷貫耳，讓我有些嚇住。

確實，這筆投資案真的是太大了。當天原定要簽約的SPA點，面積高達上千坪，其中光是游泳池就有一百多坪，每個月包含租金在內的營運成本就要好幾百萬，加上那時候對上海市場不夠熟悉，SPA客量從哪裡來都是一個問題。如今想來，神的阻擋是何等大的恩典，因為當時若是投資失敗，哪能有現在TV Shopping這一塊的豐收呢？

一念之差，決定了集團接下來的命運。而事實也告訴我們，很多時候，人算往往不如天算，以我自身為例，即使產業經驗再豐富、眼光再精準，往往還是得靠「神算」才能安穩過關，帶領集團邁向永續經營。

TV Shopping為集團帶來很大的營收挹注。但這樣的好光景才持續幾個月，就因為購物台經營者出事，我決定換到其他家購物台，當時一支口碑極佳的產品也因此停售了十個月。

公司財務很快就出問題。以當時的狀況來說，靠著每家店本身的收入，其實是夠用來支付各店的開銷，但總部經營的人事成本，還是一筆為數不小的支出。

那是我創業過程中，最難熬的一段時間，因為有連續好幾個月都差點發不出薪水。那幾個月，只要一看到財務主管走進我的辦公室，心裡就很沉重，通常不用等她開口，我就會主動問：「這個月還差多少？」

借錢發薪水的狀況維持了幾個月，我乾脆把上海的一間房子賣掉，用那筆錢來補足公司的財務缺口，營運狀況才稍微回歸正常，暫時不用擔心發不出薪水。但老實說，當時我對於TV Shopping真的沒什麼概念，靠主的恩典，才又讓我們一步一步走出新局面。

有了市場和資金作為後盾，喜悅集團將經營版圖跨到TV Shopping ，開展新局面。

人生真奧妙　永遠不知接下來會翻哪張牌

離開原先的那家購物台，為了另尋一個銷售平台，我帶著公司的一級主管主動到另一家購物台投石問路，很快就達成合作共識。

首賣當天，產品的銷售量非常驚人，購物台的人不敢相信，還私下問我是不是動員客戶來買，實際上並沒有，銷售數字完全是反應自市場。產品大賣，我並沒有太驚訝，因為只要把原理表達清楚，幾乎每個人都會高度肯定，反倒是購物台每天的重播頻率之高，完全出乎我的意料。比起前一家購物台，一個月才播出六次，這家購物台光是一天就播出三次，高曝光率帶動強大的買氣，讓集團的財務瞬間被翻轉。

我是一個技術起家的創業者，在商品經營這一塊根本是生手。這次經驗讓我再次充分體會到，想在瞬息萬變的市場中開疆闢土，真的不能只靠自己的能力，乃是要靠主的恩典才能成就大事。

即使後來礙於政府法令，像這類的減肥商品，全都被禁止在購物台販售。但有了這支商品帶來的財務補給，集團早就研發好另一支強力商品，還請來八〇年代的戲劇女王潘迎紫代言。

五、六年級生的讀者，應該都對潘迎紫有印象。她是一位香港演員，一九八四年來台演出《神鵰俠侶》，迅速走紅；後來在《一代女皇》中，成功詮釋武則天這個角色，更是讓她自此家喻戶曉。論當時的名氣，可是一點都不輸現在的一些知名女演員，像是隋棠、林依晨、楊丞琳等人。

請潘迎紫來代言，是因為這支產品主打的概念就是「鎖住青春」，而這一點，她絕對是當之無愧。二〇〇七年，潘迎紫首次受邀來台為產品公開代言，一現身馬上就吸引台灣媒體爭相追逐，大家都很好奇，為什麼數十年過去，被暱稱為「娃娃」的潘迎紫，還是一副嬌嫩的娃娃臉？從行銷的角度來說，光是這個話題就足以讓她所代言的產品，受到消費者注意。

高人氣的背後，商品本身條件好也是一大主因。我還記得，當初，業者帶著產品出現在我面前，說明其內含的蜂子粉末是蜂王乳的三百倍時，我整個人靜了下來，直覺這支商品一定會大賣。

事實也的確如此，目前光是這個品牌，就已經開發出五支商品，並且固定在購物台露出。也因為這支商品，將集團推向另一個高峰。

人生的奧妙之處在於，你永遠不知道接下來會翻到哪一張牌。從精進美髮造型技術與經營，到健康瘦身、美顏產品的引進，當初創立Merry SPA，我從沒想過可以從「抗老整腹」課程，進而前進TV Shopping，為集團開創事業新契機。

尤其有感於數十年來在第一線接觸客人時，發現大部分的人還是只願意花時間在髮質、髮型上的美感，卻忽略了覆蓋在髮絲下的頭皮健康，因此我利用有限的時間，查閱許多歐美、日本有關頭皮毛髮的相關資訊，也親自到世界各地積極學習及摸索，進而把傳統的美容美髮提升到Hair SPA頭皮毛髮專業護理，將關心範

每一項產品的包裝設計，都是經過多次討論才定案，過程相當嚴謹。

圍從髮絲向下延伸到頭皮，我認為這樣才能徹底解決關於掉髮、頭皮紅腫、大量出油、頭皮屑等一切問題，而這也是保養頭髮、護理頭皮的新觀念與新作法！試想頭皮與臉皮是同一張皮，就和其他皮膚一樣，不僅需要清潔，更需要保護與照顧。上帝賜給我們的頭髮是要使用一輩子的，當然要好好用心照顧，而這也正是我企業經營的理念。

被笑是鄉巴佬　積極提升專業與苦練台風

我們都知道，機會永遠只會留給準備好的人。早期做新娘造型，靠的完全是技術，只要做得好，客人就會源源不絕；**創業之後，光有技術已經不夠，還要透過上電視或雜誌的方式來累積知名度，才能讓品牌被認識。**

至今我的工作態度一樣嚴謹，絲毫不敢大意。舉例來說，為了集中心思在TV Shopping這件事情上，LIVE的前三天，我都會請祕書盡量不要排任何行程，以便安靜下來尋求靈感，一有想法就趕快和內部同仁討論，請他們準備相關資料，像是影片或是一些研究數據。除了專注預備前置作業，商品的品質也要夠好，價格合理，才能真的引發民眾的購買意願。

我不聰明，卻有一顆願意學習的心。很多人看到我在購物台介紹自家商品，講起話來滔滔不絕，好像一點都不會怯場，殊不知，這可是我苦練了好久才有的成果。

時間回到一九八一、八二年那個時候，生平第一次上節目，我整個人緊張到只要攝影機一拍到我在講話，臉部就會不自主地抽動，非常害怕面對鏡頭，但為了被認識，再害怕都要勇於嘗試和面對。我也很感謝，當年《新姿剪影》的製作單位給我機會學習，其實**在我們每個人的生命中，只要願意學習就能不斷突破和提升能耐，所以鼓勵大家要勇於挑戰自己。**

另外像是「配音」這個環節，學習過程中，也曾經讓我吃足了苦頭。當時錄製《新姿剪影》節目，除了要進棚接受主持人採訪，還要到戶外拍攝為模特兒做造型的過程，並在事後配音，仔細解釋每一個動作。身為電視圈的門外漢，當時的我哪懂得什麼配音技巧，一拿起麥克風說話就不斷吃螺絲，頻頻NG，常常一配音就要耗上很長的時間，連帶也會影響到其他的工作人員，真的很感謝當時那些幕後工作同仁的包容。

處在當時那樣的景況下，內心的壓力其實非常大，我卻從沒想過要因此放棄。

我的國語是念報紙的〈社論〉苦練來的；聲音表情也是慢慢學習來的，用帶有情感的方式來說話。

每當我又受挫，內心就會有個小Mary跑出來苦苦哀求，說：

「我知道自己現在是這樣，但以後我不是這樣……我願意學習，只要你願意給我機會，我願意學習，好不好……」

正因為有一顆熱衷學習的心，才能讓我的生命不斷地成長茁壯。**生命總要經歷過黑暗期，才會進入到豐盛美好的狀態**，縱使當時的我還不夠好，卻堅信總有一天會走黑暗、迎向光明。況且我又不是天才，書也念得不多，像我這樣一個平凡人，想創造平凡中的不平凡，只能且戰且走，從挫折中累積經驗和智慧。

那個階段又沒有人引導著我，摸索的過程中很累、很苦，但我願意承擔。光是**「我願意」**這三個字，就足以扭轉很多的事情，像是我的國語不標準，但願意苦練，有段時間就經常拿著報紙〈社論〉，大聲朗誦，所以我的國語是念社論念出來的；聲音表情也慢慢學習來的，用帶有情感的方式來說話，是很重要的一種表達技巧，會讓聽眾更容易感染到說話者的情緒，進而接受建議。

正因為有那段時間的磨練，才有今天在購物台表達自如的黃馬琍老師。現在回想起來，也真的是讓當時那個小Mary辛苦了！謝謝她的努力和永不放棄，我才有辦法走到今天這一步，享受豐盛的生命果實。

熱愛美容美髮事業　喜樂工作每一天

很多事情，都是一點一滴慢慢累積出來的。就像爬階梯，必須先爬上第一階，才能再踩上第二階，每一個階段的累積和努力，其實都是在為建造往上爬的階梯。然而，這並不是一個輕鬆容易的拚搏過程，更不可能一蹴可幾，所以選擇一個自己真心熱愛的行業，非常重要，如此才能永保一顆喜樂的心——歡喜做、甘願受——時間一到，該有的肯定和成就，自然會隨之而來。

一九九一年，我開始受邀擔任「中國小姐選拔賽」，以及「世界模特兒大賽」的評審；一九九九年，當選「中華民國創業楷模」；二〇〇〇年，先後獲得「婦女創業楷模」和「傑出企業領導人金峰獎」兩項殊榮。

回想自己從一個洗髮助理，到後來成為一位女企業家，雖然投入的過程中，不盡然都是輕鬆愉快，但因為真心喜歡，一直很享受在其中。一個人若是不喜歡自己的工作，一定會變成「為工作而工作」，行動力和執行力也大打折扣。因此受邀到校園和年輕學子分享創業經驗時，我都會特別強調，當一個人一想到眼前的工作，會有一種喜樂的感覺，而且越做越有樂趣，那就代表選對工作或行業了。

當一個人熱愛自己的工作時，就會做得好、做得順、做得成功。反之，則可能會遭遇失敗，這樣的體悟，可是我用血淋淋的創業經驗換來的。

創立喜悅集團之後，看好新娘市場蓬勃發展，加上本來就有很多人來找我做新娘造型，我便想，既然都已經有穩定的客源，何不來開一家攝影公司？沒想到，一個看似穩賺不賠的創業決策，撐不到幾年，就讓我以慘賠上千萬收場。

什麼原因導致攝影公司經營不善？以外部環境來評估，當時開婚紗攝影公司的人越來越多，競爭也越來越激烈，想殺出一條血路確實不容易；從內部經營來看，真正的問題其實是出在我身上，因為當時喜悅有二十幾家的髮型美容館，每天忙到連喘口氣的時間都沒有，我根本無暇將心思放在攝影公司。

我學過「注意力課程」，非常清楚當一個人專注在做一件事情，就會看到有什麼地方需要改進，進而採取行動；反過來說，一旦注意力不集中，就無從判斷接下來該怎麼做，更別說要扭轉劣勢。

我若是有把注意力放在攝影公司，相信一定有辦法把它經營得很好。方法很多，但我都不怎麼積極嘗試，還不斷逃避，根本不想進攝影公司，其實這樣是不對的，只會讓問題越來越嚴重。這樣的態度和行為模式背後，其實也顯示了，這並不是一個我所熱愛的產業，任何的投入都顯得勉強，也難怪會做不成了。

最後會決定把攝影公司收掉，是因為算命師的一句話。當時還沒信主，我跑去找人算命，對方說我不適合做跟布有關係的行業，而攝影公司最需要的就是禮服，跟布有關係，所以才會做不起來。我心想，既然如此那就別再硬撐下去，以免財務破洞越來越大。

內在熱忱，激發源源不絕的創造力。信主之後，回頭檢視這段經歷，我的體悟又不一樣。我開始反思，攝影公司開不成，真的是印證了算命師的斷言嗎？其實不然。我認為成敗主要還是跟創造力有關，尤其是聖經教導，基督徒的身體是神的殿，只要懂得保守自己、持守聖潔，就會擁有從神而來的無限創造力。換句話說，成功或失敗其實是可以由自己來決定——決定是否要將個人生命連結到創造力的源頭，上帝。

相較於攝影公司的慘澹經營，同時間，美容美髮產業這一塊的營運，卻因為我的喜愛和投入，屢屢交出漂亮的成績單。Merry SPA成立之初，我不只充當館長，什麼都自己來帶，而且只要一有空就會在店裡招呼客人，觀察每一個工作環節，隨時修正。

對於店裡的佈置，我也很用心。出國逛街時，我都會看店家的裝潢佈置，所以平均每季一次，我都會親自去佈置Merry SPA館，換花材或是改變傢俱的位置，以便呈現出全新的氣象。以入口右手邊的那座「禱告手」雕像來說，我就會在周圍擺蠟燭，光是那些蠟燭就可以有很多種擺法；另外，館內還有不少大型傢俱，都是我特地從國外運回來，也經常讓客人驚艷不已。

更重要的是，我是發自內心熱愛美容美髮產業。只要有熱忱，自然會帶出源源不絕的創意動力，而且那種投入的程度，已經不只是為了賺錢，而是連生命都投注進去。換句話說，這個產業已經成為我生命的一部分，因此不管是美容美髮SPA服務，還是商品銷售，我一定會先試用，覺得夠好才會推廣出去，無法得到我認同的商品，絕對不可能推到市面上。**妳不認同就是不愛它，缺乏愛的能量的商品，很難真正打動人心。**

◀我的筆記本

為了記錄隨時湧現的創意點子，我一直有攜帶筆記本的習慣，長年下來已經累積了數十本。這些筆記本就像是創業武功祕笈，不只收錄我的一些關於企業經營的想法和靈感，有時從書中讀到一些激勵的話語，我也會特別提筆抄寫下來，作為隨時的提醒和幫助。**信主之**

後，筆記本裡開始多了很多經節，每當生命陷入低潮，我就會去翻看這些筆記，重拾信心。

喜悅集團總部的牆壁上，也懸掛著許多聖經的經節，讓神的話語環繞四周。另外，每禮拜一早上，喜悅的內部教會還有定期聚會，一個月四次，其中兩次會請牧師來講道，其餘兩次則是讓員工們互相分享經節，讓一些尚未信主的員工能夠認識主，在不強迫的情況下傳揚福音，也大大提升了企業總部的屬靈氛圍。

我希望讓「基督的愛」成為公司的企業文化。因此，無論在北中南，每次只要開完重要會議，我都會帶著大家一起以「主禱文」作結束（主禱文內容詳見〈馬太福音〉第6章第9至13節），堅定彼此的信心。無論美容美髮部門、Merry SPA館或雪瑞爾各館各店，乃至於企業總部，每個員工都會背主禱文，這就是喜悅集團的企業文化之一。

什麼叫信心？

《聖經》〈希伯來書〉說：「**信就是所望之事的實底，是未見之事的確據。**」

正是靠著這段經節的激勵，我才能安穩度過事業上的大小危機，也因為這段經節，讓我得以走過死蔭的幽谷。

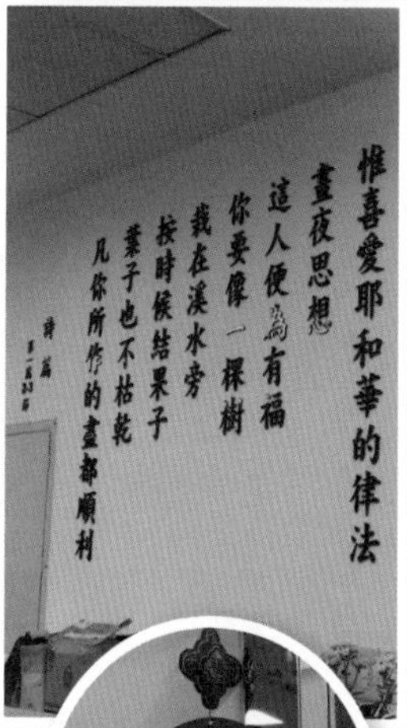

喜悅集團辦公室牆上隨處可見聖經的經文，建立屬靈大家庭。

我願意！學習成長筆記

把脾氣變志氣，把敵人變貴人

每個人都有脾氣，但情緒發洩改變不了什麼現狀，甚至還會讓處境越來越糟。若是能將脾氣轉換志氣，做出一番新作為，敵人也會變成你的貴人。

將理念化為行動

1. 循著情緒源頭，找出自己最在意的點。
2. 針對重點來擬定行動方案，扭轉情勢。

把握每一個舞台，證明自己

人人都渴望好運能從天上掉下來，卻很少問問自己：「準備好了沒？」有些機會真的是可遇不可求，因此平時就要預備好自己，當舞台的聚光燈打在身上時，就盡情演出，不要被膽怯給打敗。

將理念化為行動

1. 發現弱點，一一克服或修正，如：口條不好就多練習如何表達。
2. 多培養自信，隨時做好登台的準備。
3. 誠心感謝給你機會的人，並將感謝說出口。

熱忱，帶出源源不絕的創造力

熱忱就像是一部引擎，讓我們無論身處高山低谷都能持續前進，直至抵達目的地；也唯有熱忱能帶出持續的創造力，幫助我們看見契機，帶領產業走出差異化。

將理念化為行動

1. 透過不斷嘗試，發現真正的興趣。
2. 持續專注和投入，不要只看眼前得失。

這一點筆記留給您

PART 2
活出喜樂人生

Chapter 1

生病車禍
喜樂觀

腦動靜脈畸形破裂不過三個月的時間，
車禍意外就發生了！
主治醫師看到我整隻左腳都打上石膏，
氣得不得了說：
「我幾千個病人當中，
沒有一個人像妳好得這麼快，
妳怎麼可以又去讓車子撞到？……」

喜樂的心乃是良藥，憂傷的靈使骨枯乾。
一個人能不能在最低潮的時候，喜樂面對，
甚至看見這份苦難禮物背後的恩典，
才是決定他是否能擁有幸福人生的關鍵。

演講台上突然倒下 腦動靜脈畸形破裂險奪命

幸福不僅是一種狀態，更是一種心態。

三歲的時候，我眼中的幸福很簡單，就是不要跟家人分開；十二歲，開始學美髮工作，認為最幸福的事，就是日後能繼續升學；十七歲，離家北上，當時追求的幸福是，有朝一日能成為美髮界的一流名師，方向目標很清楚！

幸福就像是一張空白支票，隨著人生階段的不同，填上去的金額數字也不一樣。然而太多的例子告訴我們，人，終其一生，不可能永遠都照自己的意思來支領幸福，或者，像點播人生一樣，只單點理想中的幸福形式。因為再怎麼說，人類的想像力終究有限，何來驚喜呢？

我也是隨著人生閱歷的增加，才慢慢對幸福這件事有了另一番新的體悟。人生道路上，每個人都會有卡住的時候，也就是所謂的低潮，那是正常的，卡住才會有機會成長，代表神希望我們停下腳步來省思和檢討（詳見心得分享）。遺憾的是，很多人被卡住之後就出不來了，終日自怨自艾。殊不知，**一個人能不能在最低潮的時候，喜樂面對，甚至看見這份苦難禮物背後的恩典，才是決定他是否能擁有幸福人生的關鍵。**

心得分享

為什麼人會卡住？往往就是因為卡在一個念頭過不去，或重複思索同一個問題，像是：「為什麼他要這樣背叛我？」每重複一次就傷害自己一次，內心散發出來的信念其實跟健康是相關聯，當你一直盯住一件事情，原本是一小點就會被無限放大，這時就會掉入一個情緒的陷阱，很多憂鬱症就是這樣來的。

跳脫的方式就是，針對事件本身去進行分析和了解，明白了之後還要做到原諒和放下。或許有人會認為講起來很容易，做起來卻一點也不簡單，但其實只要去分析比較一下，選擇原諒會帶來什麼好處？不原諒又會帶來什麼樣的傷害？一旦明白原諒對自己有什麼好處，就會比較容易做得到。

但也不得不承認，有時候上帝給禮物的方式，真的很特別！五十八歲那年，超乎我意料的一份生命大禮，震撼登場！

「現在，就讓我們以最熱烈的掌聲歡迎，喜悅集團董事長，黃馬琍……」

二〇〇八年一月二十六日傍晚，我受邀前往一家企業的尾牙餐會，分享福音見證。沒想到，主持人才剛介紹我上台，我話都還不及說，整個人就感覺天旋地轉。

「奇怪，你們這裡的電波是不是有問題？」

這是我當時開口問的第一句話，因為從我的眼睛看出去，所有的東西都在晃，隨即，我就站立不住了。

「我怎麼了？我的身體怎麼會突然變這樣？」

內心不斷有個聲音吶喊著，接下來，我的右手右腳開始使不上力，癱了。

台上，一陣慌亂，台下，一片譁然。沒有人知道發生了什麼事？怎麼一個好好的人，才剛步上講台，就突然出現身體不適的情況。接下來該怎麼辦？送醫嗎？還是休息一下就好了？……正當大夥兒七嘴八舌在討論的同時，我的意識越來越模糊，但據現場工作人員事後轉述，當時，我仍以沉穩堅定的口吻告訴一直陪著我的公司主管歐陽，說：

「**趕快送我回家！不要送我到醫院。**」

我不要去醫院！而且堅持不去。至於為什麼當時堅持不去醫院，其實我自己也不知道，一心想著，只要回家休息一下，應該就會沒事了！殊不知，一場空前的劫難，已經引爆，隨著時間一分一秒流逝，我與死神之間的距離，也正一步一步靠近。

講到這裡，我就要特別強調一下，這就是有教會生活的好處和幸福。回到忠孝東路的家沒多久，合一教會的主任牧師朱奔野和朱師母（羅敏慧姐妹）就火速趕來；住在附近飯店的韓國金牧師和金師母聽聞，也趕到家中為我紮針，從十根手指頭放血，事後醫生也說，這個動作是有幫助的。

輾轉被送到仁愛醫院後，院方立即為我安排腦部電腦斷層掃描，發現是腦動靜脈畸形破裂出血，建議緊急開刀。當時我非但不答應，還信心滿滿地告訴醫生：「我的神會醫治我！」看我堅持不開刀，醫生警告「這樣會很快回天家！」我竟然還回答「那就回天家吧！」但其實心裡清楚明白，此刻主是與我同在的。

我被送進了加護病房觀察，院方還開出一張病危通知單給我的兒子，告訴他要有心理準備，因為我的腦動靜脈畸形破裂，一旦顱內的血流不止，隨時可能危及到性命。

腦動靜脈畸形破裂和腦動脈瘤破裂，都屬於腦血管瘤破裂的一種，不同於一般的出血性中風，腦動靜脈畸形破裂的危險性相對高很多，死亡率很高。

曾經有數據顯示，腦血管瘤第一次出血，死亡率是百分之五十；第二次出血的死亡率，則是高達百分之八十。當時的我，意識恍惚地躺在加護病房，顱內的那顆不定時炸彈會不會再次引爆出血？正是院方要密切觀察的重點。

那是我生命中，最靠近死亡的五天。或許是一種來自於靈裡的直覺，教會的姐妹們告訴我，住在加護病房的那段時間，我幾乎沒闔眼，一直保持清醒的狀態。醫護人員都覺得很不可思議，因為腦部出血的病人，大多會陷入昏迷，至於昏迷之後會不會再醒過來？就是未知數了，所以我一直沒睡。

但，醒著面對自己可能癱瘓一輩子的事實，其實需要更大的勇氣。我在加護病房嚎啕大哭了整整兩天，據合一教會朱師母的描述，躺在病床上的我，還曾經像個任性的孩子一般，當著她和朱奔野牧師的面，哭著說：「**我不要變成這樣，我不要手腳都不能動，我的手腳一定要能動……**」

當時我的右手右腳完全沒有知覺。像是突然被人硬生生切掉一隻手跟一隻腳，那樣的呼喊，沉痛至極！

我猜，那一刻，朱牧師和朱師母肯定都心疼地紅了眼眶。

我和朱牧師夫婦相識多年，不只在主裡是一家人，還在二〇〇七年七月十五日偕同另一位創業夥伴楊智茵女士（現為合一教會傳道），成立「合一基督教會」。雖然口頭上沒說，彼此的內心卻很清楚，在傳揚福音的這條路上，我們還要一起肩併著肩，走好久、好久……。但看看此刻的我，連眼前這道生死關卡過不過得了，都不知道，朱牧師和朱師母的心，何以不糾結？

同時間，一場連結海內外的二十四小時祈福禱告，也正在進行著。我真的很感動，因為當時無論是在台灣還是美國，相識或者陌生，很多教會的弟兄姐妹都在同心合意為我的病情禱告；加護病房的病床邊，也有教會的姐妹們為我跪地禱告，祈求上帝帶領我走過死蔭的幽谷，同時醫治我幾乎癱瘓的肢體。

對醫學常識有一點概念的人都知道，依照我當時的情況，想恢復到生病前的狀態，幾乎是不可能的事。醫生甚至一度判定，這樣的情況不是被主接走，就是終身坐輪椅。

除非，有神蹟！

住院休養兩個月 心境回轉像小孩

熬過了最危急的五天。第六天，我被送往台北榮總醫院，約莫這個時候，我的腦部記憶功能也開始慢慢恢復，對於接下來的住院治療過程，大多有印象。

我要感謝朱師母為了我的病情，持續不斷尋找擅長治療腦血管瘤的醫生，他們得知台北榮總醫院潘宏基醫師是神經外科的權威，便建議我轉院到榮總，住院休養兩個月，出院後才開始接受珈瑪刀治療。

珈瑪刀，正式名稱為「立體定位放射線手術（stereotactic radiosurgery）」，是一種以鈷60（Co 60）產生的珈瑪射線來治療腦瘤或腦血管瘤的手術，如同其他的手術，進行珈瑪刀治療也有風險，但比起要在腦部劃一刀，我寧可選擇這個方式，而事實也證明，這樣的治療的確對我有效。

是的。神蹟真的發生了！

聖經上有一段經文說：「**喜樂的心乃是良藥，憂傷的靈使骨枯乾。**」上帝不只透過專業的醫療團隊，一步一步醫治我的身體，還賜給我一顆極為平安喜樂的心——對我來說，這正是最大的神蹟。

在找到合適的治療方式之後，接下來就是漫長的復健過程，曾經陪伴過中風病患的人就知道，這一段才是真正煎熬的開始，尤其是對患者本身來說。試想一下，像我這麼一個四肢靈活又極為愛美的女人，一夕之間喪失右手和右腳的行動能力，內心的衝擊會有多大？但因為我從靈裡堅定又肯定地知道，神一定會醫治我，才哭了兩天，我就心情就轉換成喜樂。

在榮總醫院住院期間，我每天都快樂得像是個無憂無慮的小女孩，早晨，一睜開眼睛，就滿懷期待地問身旁照顧我的人，說：

「今天會有誰來看我啊？」

再不然，就是主動打電話給幾位好友，說：

「我想吃〇〇〇，你帶來給我吃好嗎？」

在我的記憶裡，每一天都像在病房裡開Party，有得吃又有得聊，開心得不得了。住在榮總的單人病房裡，窗外是一片寬闊舒適的景色，平日工作忙碌，一直沒有機會好好休息度假，生病期間讓我的身心靈都得到了充分休養。回轉像個小孩子的我，還成天嚷嚷著想見家人、朋友，以及公司的同事。

合一教會傳道Linda看到我每天嘰哩呱啦地講一堆話，很是擔心，便不斷勸我說：

「妳不要再講話了，妳的情況還很危險，醫生說要盡量讓妳保持安靜。」

「可是，我想要她們每天都來看我，我喜歡跟她們講話啊！」

Linda的擔心不是沒有原因。住院期間，因為腦出血導致腦壓過高，我經常頭痛欲裂，別人打一次止痛針可以維持六個小時，我卻得四個小時就施打一次，才壓得住那股劇烈疼痛。若是再缺乏充分的休息，依照當時的腦部受損情況，身體的確很可能會吃不消。

初入院時，和我同住的媽媽，發現我好幾天都沒回家，便問家人我去哪兒？我怕媽媽擔心，身體會承受不住，還要求家人瞞著她。直到農曆過年，我還是沒回家，家人才不得不告訴媽媽說，我其實是生病住院了。

我永遠記得媽媽第一次到醫院來探視的樣子。她看到我虛弱地躺在病床上，不禁掉下眼淚，還頻頻直說：「**躺在那裡的人應該是我啊！怎麼是妳呢？**」我聽了很難過，也更加深刻感受到，媽媽對我的愛有多深。是啊！一個作母親的人，看到自己的寶貝女兒躺在病床上，辛苦地在和病魔奮戰，怎麼會不心疼呢？

住院兩個多月後返家，一踏進門看到媽媽，突然覺得她一下子老了好多歲，讓我好心疼、好心疼，心裡也覺得很愧疚，因為自己生病的關係，讓媽媽如此牽掛和操心。之後我也常常對媽媽說：

「媽媽，妳知道是誰醫治我的嗎？是主耶穌耶……」

再加上，後來我和Linda又跟媽媽說：「我們當基督徒主要的原因是，以後會在天堂見面……」

才考慮了幾天，媽媽就主動說她願意受洗。真的是感謝讚美主！

手腳偏癱逐漸好轉　體悟健康就是福

一場大病，不只讓我體會媽媽深刻的關愛，也幫助我重新領略到幸福的真義。實際上，**幸福本來就有很多種的存在樣貌，只是常被忽略，尤其是健康**。

曾經看過一支網路短片。鏡頭是這樣開始的：

一位滿懷沮喪男子，傍晚睡前，坐在床邊低頭向上帝禱告，說：

「主啊！我的生命正陷入掙扎，請告訴我，到底有什麼值得我感謝？」

隔天，一覺醒來，男子動一動腳趾，開始慶幸自己還能移動；揉一揉眼睛，慶幸還能看見；到廁所刷牙洗臉，慶幸有乾淨的水可以使用；打開衣櫃挑西裝，慶幸還有一堆衣服可以穿；享用一頓豐盛的早餐，慶幸從來沒有餓著；關上大門準備上班，慶幸還有一個遮風避雨的住處。

影片內容，記錄了男子從清晨醒來，到抵達公司上班的整個過程，長度不到三分鐘，卻清楚點出生活中值得感謝的十四件事情，上述的那些之外，還包含了擁有一份公司、擁有朋友，以及擁有一技之長等等。

或許是曾經失去的關係，我對這段影片特別有感觸，尤其是男子早上醒來，發現光是「腳趾可以動」就值得感謝的這一幕，總會讓我聯想到住院期間，每天醒來最期待的事，就是確認右手和右腳是否已經恢復知覺？可不可以移動？

等啊等，不斷地進行治療和復健。終於，有天醒來，我發現右手的手指頭，已經有一根可以動了，接下來的幾天，其他手指頭也慢慢恢復知覺和控制。我興奮極了！只要一有人來探視，我就等不及要秀給大家看，說：「**妳們看！我的手指頭可以動了耶，一根、兩根、三根……**」

右腳也是一樣。從起先的毫無知覺，到後來才慢慢移動，我就等不及想下床自己練習走路，甚至到洗手間去上廁所。但事實證明，有時候人還真的不能太好強，好幾次我在洗手間要伸手拿東西，整個身體向前傾之後，就回不來了，只好趕快討救兵。另外，因為腦出血影響平衡感，加上右腳站不穩，那段時間我也經常在洗手間摔跤，幸而有上帝的保守，每次都沒什麼大礙。

雖然復原的過程，難免辛苦，但比起絕大多數的患者，我的復原情況算是相當神速。病發後的兩個多月，我就已經復原得很不錯，只要有個人撐扶著就可以慢慢行走，腿部功能已經恢復到先前的百分之六十。主治醫生看到我行動自如，非常驚訝，直說：

「我治療過幾千個像妳這樣的病患，妳是我看過恢復得最快的一個，是妳的神正在醫治妳。」

之後也經常會有人問，讓我幾乎完全得醫治的關鍵是什麼？

「喜樂的心，乃是良藥。」我想，這就是上帝想藉此傳遞的答案，也成為我一

生的見證。

那股由內而外的喜樂感，也讓我全身上下充滿了傳福音的熱忱。有次回診，看見有位年輕女子走路怪怪的，得知她也是腦血管破裂造成肢體不便，已經七、八個月了，復原程度還是有限，我便鼓勵她：「**來信上帝！信上帝妳就會得醫治。**」

即使在當下，對方並沒有正面回應，我還是樂此不疲，也不會覺得受傷或尷尬。那種感覺很難解釋，我領受了神的恩典，發自內心忍不住想將靠主得救的恩典，分享每一個需要的人。

車禍意外摔斷腿　發現新的人生功課

然而生命的功課，一輩子也學不完。當時的我怎麼樣都想不到，好不容易才從一場大病中，歷劫歸來，竟然又隨即遭逢人生另一場意外，再次陷入可能無法行走的危機。

腦動靜脈畸形破裂不過三個月的時間，車禍意外就發生了！

那是一個天色昏暗的傍晚。當時，我一個人下了計程車，準備穿越馬路走回對面的住家時，突然，一輛車子從我的右方撞了過來。力道不大，卻是致命的一擊，這一撞，我整個人順勢往左邊重重一摔，左腿的股骨頸，當場斷裂。

多虧附近的牛排館店長和社區警衛及時出面協助。先是有人幫忙叫救護車，還有一位見義勇為的機車騎士，看到肇事駕駛還待在車上，完全沒有任何反應，氣得對他大呼：

「你下來！」

這時，肇事駕駛才有如大夢初醒一般，反問：

「我有撞到人喔？」

現場對話大概只聽到這裡，我就被人攙扶到馬路邊，當下我還不知道股骨頸已經斷掉，只覺得左腿一陣劇痛！真的好痛！到醫院照完X光，醫生第一時間也沒發現骨頭斷掉，還安慰我說：

「沒事！只是肌肉受傷，多休息就好了。」

即使疼痛難耐，一聽到這樣的消息，我還是好高興，慶幸只是肌肉受傷，應該很快就可以好起來了，便起身準備返家。才剛走出急診室大門，醫生就追出來叫住我，更正判斷：

「不對！我們再仔細看X光片，發現妳的股骨頸斷掉了，必須要住院開刀……」

「什麼！股骨頸斷掉？」

我當場愣住。第二個反應是心想：

「糟了！這下子怎麼對那些關心我的人交代？」

壓力，非同小可。想像一下，海內外有那麼多人在為我的病情禱告，終於，在大家的集氣祝福下，得著上帝的醫治，多麼激勵人心的一個過程啊！如今發生這樣的事情，要怎麼向大家解釋呢？我還能為上帝做美好的見證嗎？……腦海浮現的每個問題都犀利得像一根針，扎得我的心好痛。

當時承受的另一個煎熬是，不確定手術能不能成功。股骨頸的功能非常重要，負責承接大腿骨和髖關節股骨頭，雖然骨折之後，可以藉由置入鋼釘的方式來固定，還是很有可能會出現「股骨頭缺血性壞死」的情況，影響日後行走。

懷著一顆忐忑不安的心情，躺上手術台。隔著一道冷冰冰的自動門，雖然夜深了，仍有主裡的姐妹為我迫切禱告，祈求開刀過程一切平安。

在我的股骨頸打了三根鋼釘，醫生直接下禁足令，警告說：

「從現在開始，妳的左腳三個月都不能動……」

天啊！才剛因為腦血管破裂的關係，在醫院住了兩個月，現在又因為腳受傷的關係，必須乖乖坐輪椅三個月，讓我一時之間實在很難接受這樣的事實。複雜情緒無處宣洩，開完刀，返家的第一個晚上，我又狠狠痛哭了一場。

更慘的是，兩天後到榮總回診，追蹤腦血管瘤的狀況。主治醫師看到我整隻左腳都打上石膏，氣得不得了，說：

「所有病患中，沒有人像妳好得這麼快，妳怎麼可以又去讓車子撞到？……」

被主治醫師這麼一罵，我更沮喪了。直到聽聞一位牧師的話，才大大翻轉我看待這件事情的眼光。那位牧師說：

「Mary，其實這是上帝要透過這個醫生跟妳講話，因為這裡面妳有太多東西要改變。」

我的內在，有太多東西需要改變？

花了一些時間靜下心檢討，才發現，牧師所言不假。原以為一場大病過後，自己已經可以灑脫地放下很多事情，實際上並不然，內在的那個「老我」——自以為是的我執——仍舊躲在暗地裡，時不時就會出來興風作浪，搞破壞。

看來，正面對決的時候到了！

放下我執　聖靈九果帶來幸福態度

十二歲就在姐姐開的美容院擔任助理，算一算，投身在美容美髮這個行業，已經長達半個世紀。早期，身為一位髮型設計師，最主要的任務，就是為客戶修剪出一個最美、最適合個人的造型，**但其實最難修剪的，是自己。**

《聖經》中有段經文形容，耶穌是葡萄樹，我們是枝子。照理說，自己的生命樹應該自己修剪，但因為太痛了，我們常常自己下不了手，唯有靠神的力量，才能將我們修剪得越來越好，越長越茁壯。

每個人的內在都有個「我執」，執著於事情應該怎麼發展？結果一定要如何？甚至於覺得都是自己想的才對。各式各樣的執念，充斥在我們的日常生活當中，**雖然「必要的堅持」可以協助目標達成，一旦過了頭，反而會帶來很多的衝突和傷害，讓喜樂的心境離我們越來越遠。**（詳見心得分享）

心得分享

曾經上過一個專門談注意力的課程，當中提到，一個普通人有九十九．九％的注意力是由偏見組成的。

下列方式將有助於鬆動注意力，避免固著在一個點上。

1. 拿出兩個不同的東西，比較兩者的差異。
2. 將最近該做而未做的事情，根據心中的優先順序列成一張表格，再針對最重要或最掛心的事情，寫出可執行的方法和步驟。
3. 找一首唱起來很有感覺的歌，一直唱一直唱，直到悲傷的感覺釋放掉。

那場車禍讓我領悟到，原來內在的那個「我執」，依舊根深蒂固地在左右著我。舉例來說，集團有很多支商品會固定在購物台曝光，雖然業績大多很亮眼，但面對銷售數字偶爾不如預期時，以往的我，總會覺得很沮喪、很懊惱，以至於情緒受到嚴重影響；現在的我，當然還是很在意銷售量，因為這可是關係到企業的營運和員工的生計，但另一方面，我也會跳脫本位，換個角度來思考：

「上帝怎麼想？」

當我開始學習從上帝的眼光和高度來看待事情時，就比較能從當下的憂慮跳開，將焦點放在問題的改進，而非讓情緒耗盡。

如同一棵果樹必須定期修剪，才會結出好果子。為了結出聖經中的「聖靈九果」，亦即仁愛、喜樂、和平、忍耐、恩慈、良善、信實、溫柔、節制，我也很努力在修剪老我、放下我執。

除了上述那個企業經營的例子，還有一件事情是和媒體報導有關。

發生車禍意外沒多久，接到一通記者的電話，對方得知我的近況，竟然寫成一篇新聞報導。消息一見報，我非常不高興。當時我並不希望這些事情曝光，一來是覺得無法成為上帝的美好見證，二來是不願自己脆弱的那一面被外界看到。

不只是我，很多人都想要隱藏不想被知道的事情，但其實心中祕密越少，內心越敞開就越平安。隱藏的念頭又可稱為「隱晦信念」，當這種信念在個人內心累積越來越多，就會像一部超載的車子，稍一晃動，上頭的東西就會掉落。這樣的比喻對應到個人，就是會出現混亂的情況，負面情緒一觸即發。**一旦意識到自己處於類似的狀態，就要開始有所警覺，也是該停下來深切思考的時刻。**

為了結出聖經中的「聖靈九果」，亦即仁愛、喜樂、和平、忍耐、恩慈、良善、信實、溫柔、節制，我也很努力在修剪老我、放下我執。

回到那則新聞報導，按照以往的作法，我肯定會打電話去給那位記者，將對方痛罵一頓，但我並沒有這麼做。原因是，當我靜下心來思考，發現從頭到尾還是我執的「隱晦信念」在作祟，也就是想法依舊固著在「事情應該怎麼樣發生」，我便告訴自己：

「算了吧！畢竟生病和車禍都是事實啊！」

念一轉，心，就跟著開闊了！

以這件事情為例，當我放下執念，學習以聖靈九果中的「忍耐」和「溫柔」來回應，「喜樂」的果子，自然隨之而來。

很多人，包含我自己，經常會在禱告中祈求上帝賜下信心和勇氣，然後被動等待轉變的發生。但過往生命經驗讓我學習到，**耐心的恩慈、良善的學習力，以及信心和勇氣不會憑空出現，而是必須從實際的生命情境中，虛心地學習。**

就拿腦動靜脈畸形破裂的事來說。

難免有人會好奇，事發當晚，我正準備要公開做福音見證，為什麼上帝沒有保佑，還讓我一度命在旦夕？這樣的疑問是正常的。但試想，若我們總是以單一角度解讀事情，何以能看見生命的多元面貌？

自三十幾歲，我就展開心靈課程的學習。曾經上過一堂課，內容就是專門教導學員跳脫單一視框，看見多元。練習方式很簡單，先到公園找一棵樹，定點欣賞，之後再移動幾步，換另一個角度來欣賞，重複這樣的動作，直到繞完一圈。實際做過這樣的練習之後，我才發現，即使只是一棵樹，隨著觀察視角的不同，呈現出的姿態也不一樣。

也就是說，如果我們永遠只以一個角度去看一棵樹，不僅會錯過其他風景，也會流於偏頗；看事情的方式也是一樣，同一件事情，只要懂得轉換視角，思考的面向也會更趨多元化。

我承認，腦動靜脈畸形破裂造成一開始的偏癱，怎麼說都不會是一個令人欣然接受的事實。但另一個真相是，腦動靜脈畸形的生成是來自遺傳，本來就存在我的體內，差別只是什麼時候爆？以及爆發的程度有多嚴重？上帝不是這件事的始作俑者，只是允許它的自然發生，並且讓我在過程中經歷祂的醫治和同在。

車禍意外也是一樣。

當初要不是因為好強，自以為可以一個人搭計程車回家，且安全平穩地穿越馬路，或許就不會被車子給撞著了。一連串的自以為是，將我置於險境，上帝也只是允許事情自然發生，讓我從中學習到「**放下我執**」的功課。

這就是所謂的幸福心態。

當一個人看事情的眼光對了，就會發現，生命中發生的每一件事情，其實都有神的美意，藉此提供自己一個學習、改進、成長的機會，功課學到了，美妙的事情

就會越來越多。

重點是，你有沒有順利取得學分？

我願意！學習成長筆記

看見苦難背後的祝福

相信很多人都有過這樣的經驗，一些眼前看來不怎麼好的事情，事過境遷才發現，那反而是生命中的祝福。神的意念永遠高過人的意念，學習從神的眼光來看事情，可以幫助我們超越事件本身，看見隱藏其後的祝福。

將理念化為行動

❶ 分別從自己和神的角度來看事情，找出箇中差異。
❷ 從「差異點」來思索事件隱含的深刻意義。

喜樂的心，乃是良藥

聖經上說，「喜樂的心乃是良藥，憂傷的靈使骨枯乾。」越來越多的研究證實，一個人的心理狀態好壞，也會直接影響到身體健康。因此，想擁抱幸福人生，前提是要先擁有一顆喜樂的心。

將理念化為行動

❶ 低潮時找人聊聊，抒發情緒。
❷ 重拾正向思考，帶出積極行動。

放下我執，才能擁抱幸福

幸福是一種狀態，更是一種心態。想看見不同的幸福可能，就要試著打開心，避免一直執著於自身的觀點，最後反而困住了自己。

將理念化為行動

❶ 從過去的思考脈絡，找出邏輯陷阱。
❷ 藉由閱讀或向人請益的方式，發現執著或盲點。

這一點筆記留給您

Chapter 2

親子互動 喜樂觀

在生命這所學校裡，
我自認平凡，人也不特別聰明。
靠著鍥而不捨地努力，
以及上帝的恩典，
終於在一些課程取得不錯的成績；
但有些課程即使已修了大半輩子，
還是不及格，至今仍在重修中，
比方說，親子關係。

那時候，我在觀念上犯的最大錯誤，
就是認為錢可以買到教育，
忽略了孩子真正需要的是父母親完整的愛。

「妳是最爛的媽媽！」母子關係劍拔弩張

人前，我是人稱有能力的創業家；人後，卻是兒子眼中不及格的媽媽。原因是，在兒子的成長過程中，我總是忙著工作，太少陪伴他。

兒子國小畢業，年僅十二歲，就被我送到美國去當小留學生。當初會做出這個決定，其實是有些不得已，那時我正面臨一段感情傷害，情緒非常不穩定，加上談那段感情的過程中，讓兒子承受了一些委屈，也使得他對我越來越不諒解，幾乎對立。

事後回想，其實我應該要更認真地面對親子關係，學習投入更多。當時我認為自己不是一個好媽媽，便想，那就幫兒子選一所好學校，讓教育專家來教導好了。多方打聽之後，終於找到了美國夏威夷的一所學校，在那裡不只可以每天與大自然為伍，還能得到很好的照顧，因為一個老師只需要帶四個學生。就我所知，台灣有不少名人的孩子也就讀那所學校。

起初，兒子對於這樣的新環境還頗為滿意，直到兩、三年後，他便嚷嚷說不想再繼續留在美國，國中一畢業，就自己收拾行李回來了。在台灣讀了一年的華岡藝校，他又自己想通了，決定到美國波士頓去就讀高中。求學過程一波三折，但我都儘量順著兒子，因為我的內心一直對他感到很愧疚，出於補償的心理，任何事情只要他開口，我都會想辦法配合。

當然，我們也會有起衝突的時候。有幾次，他甚至氣到當著我的面，吼說：

「妳是世界上最爛的媽媽，再沒有比妳更爛的媽媽了！」

第一次聽到兒子這麼說的時候，我真的是傷心欲絕。天知道我是多麼努力地想成為一個好媽媽啊！為什麼會適得其反呢？

我努力想當一個好媽媽！當兒子在波士頓念書的時候，無論再忙，我還是固定每個月到美國探視他一次。台灣沒有直飛波士頓的飛機，每次一抵達洛杉磯，都要趕快去「追飛機」，也就是說要快跑趕搭飛往波士頓的飛機。真的不誇張！個子嬌小的我，就曾經追飛機追到摔跤，站起來拍一拍衣服，又再繼續跑；還有一次，實在趕不上，只好一個人坐在機場大廳的椅子打盹，等著搭隔日班機。

我努力想當一個好媽媽！即使千里迢迢飛到美國，兒子因為對我的不諒解，態度總是冷冷的，有時候一言不合還會擺臉色，我也都選擇默默承受。理由很簡單，我愛我的兒子，所以願意受這個委屈，真的受不了了，就私底下掉掉眼淚，發洩一下情緒。

三歲的時候，被生母送給人當養女，我就在心裡給生母貼了一個標籤：

「她不是一個好媽媽！」

至於我為什麼會被送走？就是因為家裡養不起。雖然生母為我選擇一個會愛小孩的家庭，也就是將我交給媽媽（養母）撫養，我的內心深處還是一直無法諒解生母為什麼要把我送走。

我想當一個好媽媽！所以我一直告訴自己，要努力賺錢養兒子，讓他不愁吃穿，甚至可以到國外念書，這樣，他就不會面臨跟我一樣的童年處境。當時我還有一個錯誤的信念，就是認為賺越多錢給孩子，兒子就會越快樂。另外，為了不讓兒子有「被送走」的感覺，兒子出生之後，我寧可花一倍、兩倍的錢，把保母請來家裡帶小孩，也不願把兒子送到保母家。

白天在店裡忙著幫人做造型，晚上回到家，無論再累，第一件事一定是跑去兒子的房間，將他輕輕地摟在懷裡或是揹在背上，晃啊晃的，哼著搖籃曲給他聽。那是我生命中最珍貴的一段時光，每當回憶起那些畫面，心頭總會覺得暖暖的，也正是靠著那股踏實的幸福感，我才能堅強度過一個又一個的生命低潮。

但我也坦承，有件事情一直讓我很後悔，就是當初沒有善用其他的陪伴方式。兒子到國外念書之後，我們母子之間的感情漸行漸遠，每當他抱怨小時候我的陪伴太少時，我總會懊惱，當初怎麼沒想到用錄音講故事的方式，放給兒子聽，或者直接帶著兒子一起上班，讓他感覺媽媽就在身旁。

除此以外，若要問我對兒子的成長過程，還有什麼遺憾？答案或許就是：**沒能給他一個完整的家。**

晚上回到家，無論再累，第一件事一定是跑去兒子的房間，將他輕輕地摟在懷裡或是揹在背上，晃啊晃的，哼著搖籃曲給他聽。

渴望完整婚姻　卻走向更大的破碎

一九八三年，我結識了兒子的爸爸，也就是我的前夫。那一年，我三十三歲。

我和前夫是經由朋友介紹認識的。當時，喜悅集團已經邁入第三年，經營狀況越來越穩定，朋友看我事業有成，感情卻沒著落，便主動說要幫我介紹對象，那個人正是我的前夫。他是台灣人，學生時代就到美國紐約一邊打工一邊念書，畢業之後就留在當地從事餐館的工作。

趁著有次回台探親，朋友安排我們兩個見面。一開始我就發覺到我們的外型不是很速配，因為他長得又高又帥，站在一起，我就顯得更嬌小了。原以為身高會是彼此之間的一大距離，開始聊天才發現，其實我們還蠻合得來的。尤其在異性面前，我一直是個很容易害羞的人，那天和他見面，非但一點都不感到彆扭，還可以自在地談天說地。光是這一點，就讓我打從心裡覺得，眼前這個男人似乎有些不同。

緣分，也就真的這麼開啟了。在台灣短暫停留兩個月的時間，他便返回到美國紐約，繼續展開當地的生活。至於我，當時正在打拚事業，必須守在台灣，自然不可能和他一起前往美國定居。熱戀中的兩個人，只好談起了遠距離戀愛，靠著長途電話來維繫感情。

距離拉長思念，也增加了彼此的幻想空間。雖然相隔兩地，讓我們沒有辦法像其他戀人一樣每天見面，或是經常一起吃飯聊天，但我們之間的感情反而變得更好，也更加地心繫彼此。如今回頭來看當時的黃馬琍，愛的其實不是遠在美國的那位真實對象，而是自己幻想中的完美情人。期望越大，失望就越大，距離產生的那些不切實際幻想，後來全都變成了我們婚姻生活中的阻礙。

只不過，當時哪會懂得這些道理呢？

那時候談戀愛最開心的事情，就是能藉著到美國短期進修之便，和對方相會。至今我還清楚記得，生平第一次前往美國，就碰上了一場超級暴風雪，飛機還迫降在西雅圖一晚，隔天再飛往紐約。儘管這趟美國之行多了寒冷的暴風雪來攪局，卻阻擋不了我們之間的感情升溫，每隔一段時間，不是他飛回來台灣，就是我飛去美國找他。我喜歡到紐約，在那裡可以接觸到最新的流行元素。那時候我只開了一家店，所以常會把一些美國最時髦的觀念帶回台灣，無論是做雜誌封面還是做新娘造型，我的概念都是最先進的。

飛紐約的次數越來越頻繁，我們的互動機會也增加，有次從紐約返回台灣沒多久，我發現自己懷孕了。當時會感覺到身體有異狀，是因為平時很喜歡喝汽水飲料的我，竟然連一口都喝不了，光是聞到味道就覺得噁心，那時候我就有心理準備，知道該到婦產科去做檢查了。

結果出爐。診間裡，醫生手裡拿著一份報告，卻不打算直接告訴我答案，只問：「妳希望有（懷孕），還是沒有？」

「**那到底是有還是沒有？**」我也不想直接回答。

「如果有了，妳會怎麼反應？」醫生又問。

這種對話方式，我就猜到應該是懷孕了，當下第一個反應就是：嘴角往上揚。那是一個開心的微笑，那時候我才知道，原來內心早渴望有個孩子。這件事我一直沒有機會講給兒子聽，其實我很想告訴他，我是多麼歡迎他來到這個世界，成為我生命中的重要一份子。

孩子的爸爸也很高興，因為如此一來我就會跟他結婚了。我們兩個開始交往的時候，雖然我已經三十三歲，就當時的社會標準來看，早就該要結婚生子，但我的企圖心還是擺在事業，婚姻大事早就被我擱在一邊。如今，意外懷孕有了小孩，考量就不一樣了，是該考慮給孩子一個家。

那段時間，即使懷著身孕，我仍舊忙碌於事業，除了要顧好第一家店，還要忙著拓展第二家店。直到兒子出生一個月後，我們才到法院公證結婚，接著再找時間公開宴客，補請幾位至親好友，等於所有的程序都倒著走。

就連到法院登記的時間，都是硬擠出來的。那天我正在幫一位女藝人做造型設計，名叫夏台鳳，她因為在一九六七年參加台視舉辦的歌場比賽，勇奪第一，被台視發掘成為歌星，後來又陸續跨足主持和戲劇，還曾在一九七〇年以《歌聲魅影》這部電影，榮獲金馬獎最佳女配角。

身為知名藝人的髮型設計師，該有的工作倫理我當然知道，但那天實在沒辦法，只好跟正進行美髮造型中的夏台鳳說：「**不好意思！妳等我一下，我很快就會回來。**」

「**妳要去哪裡？**」夏台鳳整個人都傻了。

「**我要到法院去公證結婚。**」聽我這麼一說，她也沒轍。誰想破壞別人的好事呢！

走出法院大門，我，正式告別單身，步入婚姻的殿堂。原以為，自此可以給兒子一個完整的家，沒想到卻走向另一個更大的破碎。

親密關係難維繫　兩年後提出離婚請求

親密關係是需要學習的，何況是婚姻的經營。兩個來自不同家庭背景的人，因為一紙婚約成為一家人，身分的轉換很容易，只要把相關手續辦妥就可以了。真正難是難在，兩個人是否都擁有正確的婚姻價值觀。

那時候，我在觀念上犯的最大錯誤，就是認為錢可以買到教育，忽略了孩子真正需要的是父母親完整的愛。

觀念的養成，多少和成長背景有關。回想兒時，無論是在原生家庭還是收養家庭，又或者是我認識的家庭，我所看到的畫面都是，家中的男主人長年在外工作，女主人一個人撐起養育孩子的責任，同時還要掙錢貼補家用。不知不覺，我的生命也朝著「賺錢第一」的目標前進。

這也就是為什麼，當初一得知懷孕的消息，我就非常篤定地要把這個孩子生下來——無論孩子的爸爸想不想結婚。

除了認定可以花錢買到教育，我對婚姻的看法也很悲觀，因為我看過太多婚姻的破滅。

記得有一次，一位讓我做過新娘造型的女孩子，從美國回來找我做設計，看她心情很差，我便問：「**妳怎麼了，為什麼心情會這麼不好？**」原來，她在前陣子陪先生一起參加員工旅遊，向來對她疼愛有加的先生，竟然頻頻對某位女同事示好，完全無視於她的存在，讓她非常地傷心。當時聽到這樣的事情，我也跟著好難過。

很多結婚之後的新娘，都會再回來找我做髮型設計，順便傾訴婚後的景況。我也碰過那種先生很愛太太，愛到不得了，但等太太生完小孩之後，先生就開始嫌棄她的身材，說肚皮鬆垮垮的。為此，那位太太還哭著問我說：「**我這個肚皮都掉下來，有沒有解決的方法？**」當時的整形風氣並不盛行，看到她那失望落寞的神情，讓我點滴在心頭。

太多類似的例子，讓我很早就認清，婚姻並沒有想像中的那麼美。以至於後來，我比較想要孩子而不要婚姻。結婚時，我連套像樣的禮服都沒穿，更別說事先拍什麼婚紗照了；就連婚後，也只是給孩子一個形式上的家，孩子的爸爸還是回到紐約，我也繼續留在台灣經營企業。

當時我對婚姻的認知是錯誤的，卻從未質疑過自己這一點，直到兒子一天天長大，我們之間的關係日漸疏離，才意識到問題的嚴重性。想想也對，我一個女人，對內，必須母兼父職；對外，還要同時扮演造型設計師和經營者的角色。怎麼可能同時應付得過來呢？再加上，信主之後，**透過聖經的教導，也讓我更加明白，婚姻關係的建立是多麼神聖重要的一件事，絕對不能只憑著感覺就往前走。**

當時的觀念問題，加上婚姻生活中的一些現實因素，這段婚姻只維持大約兩年，就在我的堅持下，劃下句點。

用愛管教 不再當一個愧疚的媽媽

婚姻關係，可以藉由法律程序來結束；親子之間，那份從臍帶串聯起的血緣關係，卻是一輩子也剪不斷。看似強勢的外表下，其實，我一直是個愧疚的媽媽。

我很愧疚，沒能為兒子打造一個真正完整的家；我很愧疚，忙於事業，無法給予兒子充分的陪伴；我很愧疚，沒有在兒子最想找媽媽的時候，溫柔地摟著他，說：「乖，媽媽在這裡。」

我是一個愧疚的媽媽。

我這輩子最大的挫折，其實就是跟兒子的關係。我常在想，如果人生能夠重新再來，我跟兒子的關係應該會塑造得更好，如同之前所說，我到現在都還在學習當一個媽媽。

但我也始終相信，上帝會允許過去這些事情的發生，必有祂的美意，重點是，我在這個過程學到了什麼。自從腦動靜脈畸形破裂，從鬼門關前走一遭，我終於認清，若還是繼續選擇當一個愧疚的媽媽，親子之間的關係就不可能轉變。畢竟，沒有錄音講故事，那都過了，眼前的重點應該是，如何陪伴兒子走接下來的路。

真的很奇妙！一場大病醒來，這些愧疚都比較不干擾我了，會進入更真理的階段，也比較會堅持對的事情，而不會一味地被情緒干擾。

我開始有些轉變，最明顯的一點，就是不再主動向兒子道歉。以往出於內心的愧疚，每次只要跟兒子起爭執，無論誰對誰錯，最後一定都是我主動站到兒子的門口敲門，向他道歉，因為彼此的關係這麼僵，讓我心裡實在很難受。

很多人都認為道歉是一件很困難的事情，我卻是那種犯錯會願意主動道歉的人。其實爭執的發生，雙方都應該要負起責任，我之所以願意當那個先主動道歉的人，是不想讓自己的內心因此產生糾結。牽掛著一件不愉快的事情，心情難免會受到攪擾，道歉之後，反而可以平靜安穩地面對每一天，工作時，思緒也會變得比較清晰和暢通，這是我個人的經驗。

但最近幾次，我發現自己不願意再這麼做了，理由不是認為媽媽不能向兒子道歉，而是我發覺到，必須要讓兒子成長，學會道歉，否則要如何在社會上跟其他人相處呢？

令人欣慰的是，我發現兒子也改變了，懂得自己來跟我溝通，甚至會道歉。每次和好之後，我們一定還要做很多的溝通，不是事情過了就算了，這樣就失去當初爭執的意義。**無論是親子、夫妻，還是朋友之間，適度的爭執，其實也是一種積極的溝通方式，但切記要導向有建設性的結論，而不是流於言語上的謾罵攻擊。**

兒子會變得更成熟懂事，其實也跟我之前生的那場病有關。或許是那次的危機事件，從醫生手上接到媽媽病危的黃單子，讓兒子深刻體認到人生無常，之後的他，變得比較珍惜我們之間的相處。另一方面因為擔心我的預後狀況，那陣子，兒子還密集上網查詢腦動靜脈畸形的資料，再跟醫生進行討論。這些點點滴滴都讓我非常感動，也很欣慰兒子真的長大了。

環境的刺激，確實能促使一個人迅速成長，但一直以來，我也從未停止過為兒子的代禱。

我早晚都為兒子禱告，這一點從來沒有放掉。

- 我希望孩子成為一個有紀律、有行動力的人，願意學習、成長進步；
- 我希望孩子一生有幽默跟喜樂，用信心跟誠實來敬拜主；
- 我希望孩子身上有聖靈的九個果子，一生有一個愛主、榮耀主的姊妹成為伴侶；
- 我希望孩子有憐憫心、愛心，懂得去奉獻給別人，成為有智慧、有能力的人。

上述林林總總的特質，真要做抉擇，我希望兒子能擁有智慧跟能力，但有這兩點的人一定要注意，還要有情感，也就是要有憐憫心和愛心。我自認為，這一生我沒什麼聰明，但有憐憫的心和愛心，所以聖靈就會幫助我。

小時候，媽媽帶我去拜訪一位親戚。過馬路的時候，我看到一個老婆婆從對面走過來，年邁的身軀，加上又裹著小腳，走起路來搖搖晃晃的，身旁卻無人攙扶，僅僅幾秒鐘的錯身而過，就讓我的小小心靈激動不已，還因此掉下了眼淚。現在回想起來，原來主早就賜給我有一顆柔軟的心。

如同一般父母會望子成龍、望女成鳳，透過禱告的方式，我把自己擁有的和不足的特質，全都加諸在兒子身上，但成就與否還是在於上帝。每個人都是上帝所創造，也是祂最愛的兒女，因此我相信，無論兒子最後變成什麼樣子，都一定是個能夠為神所用、也對企業有幫助的人。

而且有一點已經可以確定，那就是兒子終於放下了，長年以來對我的批判。有天清早，照慣例，我在家中的祭壇前禱告，兒子走出房門，行經我的身旁時，微笑說了一句：

「媽媽，我知道妳在禱告，但是我要跟妳說早安。」

「早！」

我繼續禱告，沒有太大的反應，但心裡好暖、好滿足。

回首過去十多年來，我們一直處在對立的狀態，幾乎所有的互動，傳達出來的訊息都是在批判我。如今，一切都不一樣了。

雖然兒子回國後就跟我同住一個屋簷下，彼此的心卻始終隔著距離。現在，我最寶貝的兒子，終於願意敞開心，跟我有連結了。

這次，兒子真的回家了。

我願意！學習成長筆記

錢，無法買到家庭教育

想讓孩子接受良好的教育，固然需要金錢的投入，家庭教育卻無法假手於他人。父母必須懂得將時間投資在孩子陪伴上，以身作則，才能讓孩子從環境中學習。

將理念化為行動

❶ 要求孩子的事情，父母本身要先做到。
❷ 多陪伴，讓價值觀潛移默化。

用愛管教，建立健康的親子關係

很多忙碌的父母，為了彌補在孩子生命中的缺席，經常會採取討好的方式，處處讓著孩子。但真正的愛，除了付出關懷，也要適時管教，才能打造一段健康且有品質的親子關係。

將理念化為行動

❶以愛為出發，訂出管教的標準。
❷讓孩子理解為什麼被管教。

牽手一輩子，仰賴正確的婚姻觀

維持一段婚姻真的是大不易，以至於離婚率不斷攀升。正確的婚姻觀，源自聖經中的真理，當兩個人都具備相同的價值體系，對婚姻的看重程度也一樣時，自然會比較用心經營婚姻，一起攜手到老。

將理念化為行動

❶ 充分認識彼此，不用急於承諾一段關係。
❷ 誠心溝通，達成婚姻共識，了解神對婚姻制度的看重。

這一点筆記留給您

Chapter 3

信主重生

喜樂觀

一個憂鬱症的人，最可怕的地方就在於看不到希望。
遭到男友背叛，真正體會到什麼叫做椎心之痛！
比起與前夫所受的感情創傷、成長過程遭遇的苦難，
頂多也只是不合心意而已，痛苦指數差多了；
當初以為一輩子都好不了的傷口，
隨著時間過去，早已慢慢癒合。

一個人的老後，也可以活得精采充實。
但如何真正安於一個人的生活，關鍵在於，
是否擁有真實的心靈寄託。
而我的心靈寄託，就是上帝。

有了房子棲身　心靈卻找不到歸宿

我一直在尋找一個家。

一個能夠充分感受到被愛包圍的，心靈歸宿。

而我曾經以為，這個願望會在跟家人重逢的時候實現。

就在我從羅東北上工作幾年後，二哥和其他幾位兄弟姊妹也陸續在北部買房子，當起了鄰居。當時，我人在之前的老東家當設計師兼店長，非常忙碌，明明可以在公司附近租房子，把通勤時間省下來睡美容覺，我還是寧可搬去和家人一起住，享受那種「擠一下」的感覺。

其實當時的居住空間，並非真的那麼擁擠，我卻喜歡用「擠一下」這樣的字眼，因為那隱約意味著一種克難中的甜蜜，一種和家人之間才會有的患難與共。為了置身在這樣的「家的感覺」，即使一大早就得從板橋搭二、三十分鐘的車，到台北市中山北路去上班，忙了一整天之後，還得拖著疲累身子搭車回板橋，我還是甘之如飴。從現在的眼光來看，我覺得當時的自己是想藉此彌補小時候被送走的遺憾，以及更多的是，一種想跟生母產生連結的內在渴望。

板橋的那間公寓是二哥買的，裡頭除了住著他們一家四口，生母和妹妹也跟著搬了上來，住在同一個屋簷下。我和妹妹住在同一個房間，姊妹倆睡前總是嘀嘀嘟嘟聊不停，好像永遠都有講不完的話；反倒和生母之間，不知道是不是因為小時候被遺棄的陰影仍在，加上我又忙，互動其實並不多，頂多只是見面時問候一下。

那種在台北有家的感覺，真好！但漸漸地，我也發現，和家人在空間上的靠近，未必能填補心理上的距離，畢竟很多傷害已經造成，不是事過境遷就沒事了，還是需要時間慢慢修補。

印象非常深刻，就讀小學三、四年級的時候，媽媽曾經帶著我搬回生母家附近，而且一住就是兩年多。那段時間，我經常往生母家跑，有一次生母不知道說了什麼話，整整兩年，我都不曾再踏進過那個家。我很愛那個家，之所以會這樣，一定是生母講話傷了我的自尊，而那個自尊背後反映出的，更深一層的情緒，其實是自卑。潛意識裡，我還是一直認為自己是沒有人要的、不值得被愛的。從這個角度也就不難理解，為什麼我在學校會有那麼孤獨的反應，總是無法和同學玩在一起，別人看我總是一臉愁苦，自然也不會喜歡找我玩。

我從沒想過要為養女的命運抗辯，不代表內心沒有反抗。從小我就經常告訴自己，長大以後一定要成為一個被重視和被需要的人。甚至有一次，我還挺身為一個同樣是養女出身的同學出頭。

北上之後，我曾經跟一位同樣是養女的同學，在保齡球館當過三個月的服務生。因為是養女的關係，她從小就被姑姑欺負，有天，她的姑姑突然跑來抓人，態度非常跋扈。當下我就直接跑過去對她姑姑說：**「妳為什麼要一直欺負她，太仗勢**

欺人了……」被我這麼一嗆，她姑姑氣得跑去找我的主管理論，鬧得全公司上下都知道這件事。

這件事情，讓我在保齡球館一炮而紅。在場的人都想，一個十幾歲的女孩子，竟然可以為了好友挺身而出，跟一個大自己三、四十歲的長輩理論，膽識可見一斑。那時候我也才驚覺，原來看似瘦弱膽小的自己，體內竟然住著一個見義勇為的勇敢小女孩。

原來，我是勇敢的。

只是那樣的氣勢，仍不足以幫助我跨越那道感覺被遺棄的心理障礙。或許，正因為心裡仍有些難以釋懷，長大成人後，即使搬到板橋和生母同住，還是隱約覺得母女之間隔著一道無形的牆。**心牆**。再加上，當時在台北買的房子已經完工，跟生母住沒幾個月，我就搬走了，相處的機會變得很有限。那年，我二十八歲。

相較之下，我和養母的感情卻越來越深厚。

有了自己的窩，一直被我稱呼為媽媽的養母，也在那時候從宜蘭搬到台北和我住在一起。從六十多歲住到九十五歲壽終正寢，母女倆共同生活三十多年，幾乎成了生命共同體。

從那時候開始，最幸福的事就是，每次辛苦工作回到家，媽媽都會煮我最喜歡吃的菜，媽媽的廚藝很好，即使後來吃遍大小餐廳，我還是覺得媽媽煮的菜最好吃；就連公司員工，只要到我家吃過媽媽煮的菜的人，也都會忍不住稱讚說，「阿嬤的手路菜」果真不是蓋的，令人回味再三。

有時因為工作實在太累了，一回到家，我總是一股腦兒就癱在沙發上休息。這時候媽媽就會走過來，靠在旁邊的櫃子跟我講話，內容不外是今天家裡發生了什麼事之類的話題。身心疲累的狀態下，我的回應並不多，但也總會靜靜地聆聽，並暗自心想，**「有一天，當媽媽不在身邊了，我一定會很懷念這樣的日子吧！」**

這樣的短暫對話，也是媽媽一天當中最開心的時光。因此無論再累，等媽媽講完話以後，我一定會起身，溫柔地搭著她的肩膀，說，「**媽媽，走走走，我陪妳回房間。**」這些過往相處的點點滴滴，現在回想起來，都是很溫暖的記憶，值得我珍藏一輩子。

二〇一三年七月七日，媽媽安息主懷，家裡突然少了媽媽的身影，讓我很不習慣。那陣子也常常跟媽媽的照片道歉，說，「**對不起，我都一直忙著工作，沒有好好陪妳到處去走一走。**」

人往往都是這樣，失去了才知道要珍惜。即使成長過程中，難免受到些許的委屈，但那些不快樂的記憶，比起媽媽對我的付出，根本算不了什麼。特別是在她過世之後，我才深刻感受到，原來自己的生命早已經和媽媽密不可分。她是一個我很愛的媽媽，我非常愛她，遺憾地是，在她生前，我卻太少主動親口告訴她，我有多麼愛她。

你也有一個明明很愛很愛，卻說不出口的人嗎？真的要鼓勵大家及時把愛說出口，有時間就多陪陪家人，因為那就是最好的「愛的展現」。

當我有了自己的窩之後，一直被我稱呼為媽媽的養母，就搬來和我一起住。母女倆共同生活了三十多年，已成了生命共同體。

遭男友背叛　痛苦打擊導致憂鬱症

三十幾歲時，我最大的夢想，就是擁有一間小房子和一部車，所以房子買了以後，接著就買車了。我還記得當時買的第一步車PONY，是韓國首部自行開發的汽車；但真正讓我最得意的是，接著就買了BMW的敞篷車，市價兩百多萬。

想像一下那個畫面！一個三十二歲的長髮女子，一身流行時髦，開著一輛敞篷車在在中山北路一帶奔馳，這在一九八〇年代的台北市，可真是很拉風的一件事，所到之處都會引人側目。記得有一次，有位年輕警察故意將警車開到我旁邊，說我什麼東西沒有處理之類的，說法非常牽強，真正的目的其實就是想跟我Say Hello。

現在回想起來，可能會覺得當時所追求的東西很膚淺，太過物質取向，但其實那只是我人生當中的一個成長過渡期。**對於一個內在自信還不夠穩固的人來說，外在的行頭有時是必要的，至少可以讓當時的我，覺得自己很有價值。**當我創立了第一家店、有房子、有車子，自信心就豎立在那裡了，而那個自信心正是推動我日後持續進步的基礎。

問題是，房子有了，但真正的歸宿呢？

一直到後來，上過一些心靈課程，我才驚覺過去的生命經驗影響有多大，特別是在感情這一塊。

為了克服童年被遺棄的自卑感，我不斷努力賺錢，就是想證明自己很行，贏得從前那些不重視我的人的肯定；我努力賺錢，因為現實的成長環境教會了我，只要有錢就可以買到幸福——至少，我就不會被送人當養女，生父也不用低聲下氣地向人借錢。另外，成長過程中，對於父愛的缺乏，也讓我不斷想從男人的身上尋求一份穩定的父愛。

漸漸地，我便發展出這樣的感情模式：為了得到男人的愛，我常會一直給對方錢，藉此證明自己的價值，同時補足童年那一段，看到生父向人伸手借錢、自己卻無能為力的遺憾。說穿了！我就是在花錢買愛，甚至以為花錢也可以買到一個完整的家，即使和前夫的婚姻破裂，我仍舊沒有意識到這樣的模式，才會在感情的漩渦裡，越陷越深。

離婚之後，我投入了一段新感情。

理想中，我最渴望的對象其實不用賺很多錢，但要能夠帶領我成長，有點類似我的生命老師，或是像我的爸爸，成為我的重要依靠。我這一生得到的父愛很少，所以很希望交往的對象能夠疼愛照顧我。當時交往的對象雖然小我兩歲，人卻相當成熟穩重，見多識廣，私底下對我更是呵護有加，算是符合我的理想對象條件。

愛情容易使人盲目，我也不例外。兩人交往的那段時間，我大部分的重心都在談戀愛，對事業的態度就變得較守成。當時我怎麼也想不到，對方竟然會背著我，偷偷和他的辦公室祕書交往，更諷刺的是，那位祕書的薪水還是我在支付的。就連被我發現之後，身為第三者的女方，不僅沒有任何歉意，還出言諷刺和羞辱我，儼然一副逼宮的態勢。

我無意用這件事情傷害女方，細節在此就不便多談。但被自己當時深愛的男人背叛，這樣的打擊，真的是深深地刺痛了我。

多麼令人失望的人性啊！尤其是他們之間的曖昧情事，透過其他友人的口，一件又一件地傳進我的耳裡，那種扎心的感覺，就像是有人用飛鏢直狠狠地往標靶的圓心射擊，唯一的差別是，他們射的不是冷冰冰的靶心，而是一顆血淋淋的，我的心。

禁不住這樣的打擊，終於，我的生命瀕臨失控。

那是我生命中最漫長的一個黑夜。

「麻煩你載我去陽明山……」

當時我有雇用私人司機，有天傍晚，我請他載我到陽明山。曾經上過一些心靈課程的關係，我知道自己需要到一個無人的地方去痛哭、吶喊，太多負面情緒卡在心裡實在太痛太痛了，我一定要釋放出來。

慘的是，我連吶喊釋放或質問上帝的機會都沒有。那一天，陽明山的氣候不佳，雨勢一陣一陣，讓我連下車進行釋放課程的動力都沒有。滿腹的痛苦，無處宣洩，只好請司機載我下山。也許睡一覺之後，心情就會好多了，我想。

返家時，我的手機響了，是一位跟我一起上心靈課程的朋友打來的。語帶急促，她在電話另一頭問：

「Mary，妳現在人在哪裡？」

「我去陽明山釋放壓力，可是每次去都下雨……」

從我那種要哭卻又哭不出來的說話語調，友人多少已經感覺到不對勁。

步入家門後，我整個人像是失了魂一般，一口氣吞了好幾顆安眠藥。當時因為情傷的關係，整個人一直陷在被欺騙、被羞辱的感受中，已經很久沒有好好地睡過覺，吃安眠藥的動機是想好好睡覺，還是不想再醒過來，其實我也不知道，完全不曉得自己在幹嘛，只知道吃完安眠藥之後，我就去上廁所，結果就在浴室的馬桶上睡著了。

那時候，男友已經搬離我的住處，只剩下一些衣服還留在這裡；至於兒子，也已經被我送到國外去念書。偌大的房子裡，除了幫傭，只剩我自己。誰？誰會發現我睡倒在臥室的廁所裡呢？

幸好，之前和我通電話的朋友及時趕到。據她事後描述，抵達時，我已經昏睡在馬桶上，她趕緊將我扶到床上。昏沉中，我的嘴裡還不斷喃喃自語說：「**我要到陽明山找一個沒有人的地方釋放壓力，可是為什麼都在下雨？……**」就像是播放錄音帶一樣，總是重複著相同的話。

友人看到我這個樣子，非常心疼，強迫男友來向我道歉。我印象很深刻，當時他真的來了，還靠在我身旁，不斷向我說對不起什麼的。然而傷害已經造成，再多的抱歉都只是形式，對我來說已經發揮不了作用。何況，那並不是發自內心的歉意，有意義嗎？即使是在昏昏沉沉的狀態中，我仍然可以清楚感覺到，他的道歉只是在敷衍我。

在藥物的作用下，半醒半睡了五天。第六天醒來，我的心情非但沒有變好，反而還陷入更深的情緒黑洞。尤其是當我驚覺到過往的相處，很多片段其實都充滿了欺騙，更是讓我怒火中燒，氣到半夜睡不著覺，索性就拿起電話，打到男方家去開罵。真的不誇張！當時的電話答錄機好像一次只能留十二通，我一個晚上就可以把他家的電話答錄機容量罵到爆。

我就是嚥不下那口氣！但實際上，我也生病了。後來才了解到，從當時的一些症狀來看，其實我已經陷入了嚴重的憂鬱。

心靈課程和信仰力量　協助走出憂鬱情緒

短短一個月，我就暴瘦十二公斤，行為舉止也越來越反常。情況嚴重到什麼程度？就是不敢見人。我以前最愛接受記者採訪，罹患憂鬱症後，我變成能閃則閃，或是藉故推掉採訪邀約；我還變得很沒安全感，連從家裡坐車到辦公室，不過才七十塊的計程車資，我都不敢坐，怕包包裡沒有錢。奇妙的是，雖然我都沒主動在包包裡擺錢，但每次打開來都有錢，從來沒有缺乏過。信主之後我就在猜想，大概是上帝的供應吧！就算是有人偷偷幫我在包包裡塞錢，那人也一定是上帝派來幫助我的天使。

罹患憂鬱症的那段時間，我很少哭泣，卻經常陷入莫名的恐慌。當時害怕的事情很多，像是害怕自己不夠好、害怕不被重視、害怕失去、害怕無價值，還有像之前提到的，接受採訪也害怕，搭計程車也害怕，什麼都怕。

當時還沒有信主，我是個虔誠的道教徒，還在家中頂樓供奉好幾尊佛像，每天早晚三炷香，心裡還是得不到平安。在沒有人陪伴的情況下，我甚至連一個人走進佛堂的勇氣都沒有，而且這個情況，早在我得到憂鬱症之前就已經出現，罹病後就更嚴重了。

一個憂鬱症的人，最可怕的地方就在於看不到希望。也就是在那時候，我才真正體會到什麼叫做椎心之痛，因為比起當時所受的感情重創，成長過程遭遇的苦難，頂多也只是不合心意而已，痛苦指數差多了；同理，以現在的觀點來看那段情傷，也會發現事情根本沒那麼嚴重，當初以為一輩子都好不了的傷口，隨著時間的過去，早就已經慢慢癒合。

很多人好奇，**我是如何從憂鬱症走出來的？主要的方式之一，就是借助心靈課程。**

有個注意力練習的課程，對我非常有幫助。以恐慌這個症狀來說，那種恐慌害怕的感覺就像是一頭巨獸，你越是把注意力放在害怕上，牠就被餵得越飽，然後那個害怕就會越來越大，最後大到足以把你整個人吞噬掉。

對應的方式，就是盡量轉移注意力。比方說，一個人要是不喜歡自己的過去，那就不要一直去想，否則這個「過去」就會反過頭來掌控你。就好像是你在開車，照理說應該是要正視前方的道路，卻一直回頭看，那要怎麼開？結果一定會發生車禍。我罹患憂鬱症的那段時間，就是處在這樣的景況，後來才慢慢學會往前看，這一點很重要，因為你把注意力放在哪裡，力量就在哪裡。

為什麼現代人那麼容易得到憂鬱症？原因是，很多人不是經常沉溺在過去，就是成天在擔憂未來。**其實只要不被過去的事情所掌控，就不用對未來害怕，也就不會掉入痛苦深淵**，所以我要鼓勵那些目前正處在害怕當中的人，要勇敢站起來。憂鬱症並不可怕，可怕的是連走出來的動力都沒有，那才會真正讓人陷入無止盡的絕望。

人會有負面情緒的產生，通常是因為卡在「自以為是」裡面，認為什麼都是自己想得才對。舉例來說，一個經常處在不平感受裡的人，通常會有兩種極端的表現，一種是變得很容易生氣或暴怒，另一種是變得更退縮、不喜歡跟人互動，甚至越來越無感。無論是哪一種，對個人都具有很大的殺傷力，情緒沒有處理好，真的會造成生命很大的傷害，時不時還會舊病復發。

還有一種狀況，就是創傷。創傷過的人，即使沒有掉入憂鬱情緒，對人也通常會表現出一副很不屑的樣子。就好像一隻螃蟹沾滿垃圾，免得被認出來，為什麼這樣子，因為他不希望內在的不堪被發現，只好搞一些很難看的行為，雖然這是為了自我保護，實際上卻只會讓自己更受傷，所以**人真的要花時間去整理內在，以免最後導致生命型態的變形。**

上帝用愛醫治 賜下一顆喜樂的心

靈魂的暗夜，是危機也是轉機。

大量的心靈課程，幫助了我一步步走出黑暗，但真正讓我得到醫治的關鍵，其實是在大約五十歲那年，踏進教會。

陷入憂鬱的那幾個月，有一群姐妹好友輪流陪在我的身邊，其中一個人的朋友得知我的情況，就主動約我吃飯，見了面才知道，原來對方剛受洗成為基督徒，聖靈的恩膏在他的身上，很有傳福音的火熱，還鎖定幾個人作為優先傳福音的對象，我就是其中一個。

印象中，小時候沒什麼玩伴，我經常一個人跑到羅東公園附近的一所教會，裡頭有人在唱聖歌，我就在外頭安靜地聆聽。很奇妙，雖然從沒聽過這些歌，也不知道那就是所謂的聖歌，但就是很喜歡聽，還為此經常在教會門口徘徊，最高興的是，聖誕節還能拿到很漂亮的聖誕卡。

原來，我從小就渴慕認識主，只是時候未到。跟那位剛受洗的基督徒朋友用餐時，當我脫下外套，他把外套接走的時候，剎那間，我竟然有一種得到釋放的感覺，好像壓在肩頭上的重擔，突然被挪走，整個人變得非常地輕鬆。信主之後，我才知道那是因為他身上有聖靈同在，在接走我外套的同時，聖靈也在我的身上動工，將那段期間的痛苦和傷痛也一併拿走，整個人突然變得好輕鬆。

我的心也被打開了。於是，那陣子一直心神不寧的我，開始有辦法靜下心來聽他分享信仰。

「妳要不要去教會？」

當時對方講了些什麼，我已經不記得，只知道最後他問這麼一句。毫無遲疑，當下我就答應了。

那段期間，資深藝人尤雅也是一直陪著我的一位姐妹，我們兩個人一走進教會，光是聽到詩歌，我就開始淚流不止，尤雅也跟著我一直掉眼淚。每一次去教會都哭到不行，就好像聖靈在幫助我洗滌內心的苦毒，尤其是在前一段感情所累積的不滿和怨恨，聖靈藉著眼淚，從頭到尾幫我徹底沖刷掉。

我決定受洗成為基督徒。但受洗當天，我卻不知道為什麼，突然大發脾氣，跟當時的牧師說我不要受洗。大家看我臨時變卦，一時之間也不知道該怎麼處理，接著我看到一對律師夫婦也準備受洗，很奇妙，我的態度就轉變了。當時我心想，若是連原本一個心那麼剛硬的律師，都能誠心地把自己交給上帝，我更應該受洗。

沿著井口的階梯，一階一階往下走，直到整個人泡進水裡，在眾弟兄姐妹的見證下，我終於完成受洗儀式。當時因為不懂受洗是生命重生一個非常重要的時刻，所以也沒有通知任何人說我受洗了。

《聖經》〈哥林多後書〉5章17節記載：「**若有人在基督裡，他就是新造的**

人，舊事已過，都變成新的了。」受洗後，我看待生命的眼光，也因為聖經真理的教導，全面更新。

一開始最明顯的轉變就是，我已經能放下過去那段感情造成的傷害。我不再半夜打電話去罵前男友了！還給對方也還給自己一個平靜的日子。但有趣的是，前男友發現我不再打電話騷擾他的時候，反而自己打電話過來，問我為什麼沒打電話過去。他完全無法想像，我在信主之後，竟然真的完完全全被主醫治了。

對於那位第三者，我的態度也奇蹟似地出現轉變。當初只要一講到她的時候，我都會恨得牙癢癢的，信主之後再講到她，內心反而充滿了感謝。兩種極端心情的轉換，一點都沒有作假，完全是源自真誠感受，因為如果沒有那位第三者的出現，我可能還會繼續被這段感情綑綁，時間不知道會持續多久。無論是對男人或女人來說，早早離開一個不合適的對象，其實是恩典。但人難免會軟弱，靠自己往往做不到，唯有靠天上的神，才有辦法斬斷情絲，正如同《聖經》〈腓立比書〉4章13節所言，**「我靠著那加給我力量的，凡事都能做。」**

更重要的是，我發現自己徹底從感情這件事情上，畢業了！我已經不再像以往一樣，把感情當作生命的重心，或是需要另一半來完整自己的生命。我個人覺得那是主耶穌的醫治和聖靈的感動，很奇妙的感覺，就是不再有感情上的需要，發自內心對當下的生命狀態感到滿足，也因此回絕過不少人的好意。有時甚至還會笑笑地跟對方說，我現在是在跟主耶穌談戀愛。

這些年來，也有很多教會姐妹熱心為我禱告，希望上帝賜給我一個好對象。每次只要聽到她們這麼說，雖然很感謝，我也一樣會請對方不用禱告這件事，因為我已經嫁給主耶穌了。

我好感謝主賜下這樣的恩典，讓我脫離在世間男女的紛紛擾擾。我是講真的！但很多人無法理解這樣的想法。實際上，我每天到公司上班都很開心，尤其是中午時間，只要能夠悠閒地吃一頓養生午餐，我就會覺得很享受；傍晚回到家，也是一個人舒舒服服，想讀經就讀經，想禱告就禱告，想和兒子聊天就聊天，日子過得輕鬆愜意極了。

一個人的老後，也可以活得精采充實。但如何真正安於一個人的生活，關鍵在於，是否擁有真實的心靈喜樂。而我的心靈寄託，就是三位一體、同榮同尊的主。

走過曲折人生路 終於找到生命歸宿

每個人的生命當中，都充斥著各式各樣的癮頭。有的人是對感情上癮、有的人是對購物上癮、有的人則是對於菸酒這一類的東西上癮。我是人，也會有軟弱的時候，若不是因為有上帝的幫助，很多事情我恐怕也無法一個人走過。比方說，我是一個十多年的老菸槍，戒菸戒了很多次都失敗，直到信主之後，才成功把菸癮戒掉。

年紀很輕的時候，我就學會抽菸。起初，只是純粹覺得抽菸的樣子看起來很帥，抽久了就上癮了，等於是被菸癮控制了。成為基督徒之後，我曾經嘗試用意志力來戒菸，但只撐一年就破功，實在不知道該拿自己怎麼辦？

有一天，我決定靜下心來向上帝禱告，說：

「主啊！我想戒菸，但靠我自己的力量做不到，求祢來幫助我。」

做完這樣的禱告沒多久，有天晚上開完會，我靠在窗邊抽菸，才抽了一口，菸就好像被人打落一樣，從指尖滑落到窗外；不死心，我又點了一根來抽，這次換成喉嚨被鎖住，從那時候到現在，十多年了，我不僅再也沒有抽過一根菸，就連搭計程車聞到車內有菸味，就會受不了，再次證明了，靠主真的可以得勝。

一次又一次的真實經歷，大大加添了我對上帝的信心。加上過去經常幫一些演藝圈的藝人做造型，這些年來，我帶領了不少資深藝人朋友信主，其中最為人所知的就是童星紀寶如。

很早以前我就知道寶如這個人，對她的印象就是，一個笑起來甜甜的、演起哭戲卻扣人心弦的小童星。我們會認識是因為有一次，她和狄鶯主動到Merry SPA來找我，希望我能接手她們當時經營的SPA館。第一次見面，我就明顯感覺到她們的靈裡很不平安，便主動開口說：

「來！我先為妳們兩個禱告。」

雖然有些突然，她們還是答應了。

禱告過程中，寶如和狄鶯都哭了，但每個人有各自的時間表，之後是寶如受洗成為基督徒。曾經聽過寶如故事的人應該都知道，她過往的生命中，無論是在原生家庭還是後來嫁給余龍（資深藝人余天的弟弟），其實都過得非常地辛苦，還曾經幾度尋死，最後是靠著信仰才恢復對生命的盼望。

現在的寶如，不僅成立「優質生命協會」，專門帶領一些資深藝人去探視弱勢團體，還積極募款為老藝人蓋養生園區，讓他們能夠老有所養。這幾年來，寶如已經到過海內外總計幾百家的教會，將福音傳揚到世界各地，是一個好成功的生命。

我很以寶如為榮！還經常跟她開玩笑說：

「妳是我的羊，所以妳做的這些善事，額度也會算在我身上喔！」

除了帶領藝人好友信主，一場大病過後，我也經常受邀前往海內外一些教會或

不僅自己禱告，也常帶領同仁和親友一起禱告。

組織去做見證。

二〇一二年九月，基督徒華商會邀請我到美國休士頓去做見證。那是一趟為期五天四夜的行程，在主辦單位的安排下，我每天都要上台見證，每一次的時間都短短的，頂多十幾分鐘。見證內容主要分為兩大塊，一塊是關於腦動靜脈畸形破裂的經歷，另一塊則是關於奉獻。

見證時間不長，我卻可以明顯感受到，聖靈藉此在每個人身上動工。尤其是當他們聽到，我在奉獻五萬塊美金給美國一位牧師之後，公司的經營情況立刻得到翻轉，都覺得很不可思議；另外，在腦動靜脈畸形破裂那麼緊急的情況下，上帝讓我一步步病得醫治，甚至還能站在講台上跟大家分享，同樣也是一個非常感動而且有說服力的見證。

讓我印象特別深刻的是，有一位弟兄聽完見證後，主動提到他的太太罹患憂鬱症的事，因為自己也曾經得過憂鬱症，我聽了很不捨，就為那位弟兄禱告；隔天，那位弟兄現身在我下榻的飯店，很巧，我們剛好就在大廳碰到，我又再次為他太太的憂鬱症禱告。結束之後，我有一個很強的感動，便對那位弟兄說：

「你回家的時候，太太應該已經快得醫治了。」

說實話，我也不知道那時候為什麼敢這麼斷言，完全就是憑著聖靈的感動。

神蹟果真發生！過兩天，也就是我在美國的第四天，那位弟兄帶著太太來找我，滿心歡喜地說他太太的憂鬱症已經大大好轉了！

這件事情對我的激勵很大。因為那不僅讓我再度經歷到上帝的信實，也讓我更加明白，自身受苦的意義。

在我辦公室的牆上，高掛著一段經節：

「祢以恩典為年歲的冠冕，祢的路徑都滴下脂油。」

人生沒有白走的路，也沒有白受的苦。當我發現過往的苦難，竟然能夠成為他人的幫助時，一切的發生突然都變得好有意義，整個人也因此越活越喜樂。

擁有一顆積極樂觀的心，很重要。《聖經》上也說，一生的果效，乃是由心發出。每個人身上都有一份來自上帝的禮物，也就是我們常講的恩賜，但這輩子能不能將自身獨一無二的恩賜，發揮到淋漓盡致，跟個人的生命態度很有關係。

出生在一個相對辛苦的成長環境，比起多數人，我其實更有理由選擇放棄，或是杵在原地抱怨上帝不公平，但我並沒有這麼做；相反地，我選擇積極善用上帝給我的禮物——**「信心」**，來扭轉先天的劣勢。正因為有信心，無論景況再辛苦，我都發自內心地相信，只要願意持續不斷地努力，生命前景一定會越來越精彩可期，事實也的確如此。

上帝的愛，也讓我內心的父愛缺口得到填補。對我來說，上帝的愛比什麼都重要，那是人類所沒有辦法取代，每當我擔心這、擔心那的時候，上帝都會告訴我：

「孩子，我的恩典夠妳用。」

花了大半輩子，我不斷透過各種方式，試圖從不同人身上尋求一份穩定的愛，結果都一再受挫。直到認識上帝之後，我才猛然驚覺，走遍天涯海角，原來，轉身就是我的家。

這是一段天父帶我回家的路。

我和當年那個五歲的小黃馬琍，終於找到了，真正的生命歸宿。

【採訪後記】

文／魏棻卿

改變命運的關鍵字：「我願意！」

誰都渴望能活出理想中的生命版本。但，如何改寫命運呢？

小時候，我認為是長大以後；二十歲時，我認為是要找到一份有影響力的工作；三十歲以後，經歷過一些事件洗禮，才深刻體會到，積極、聰明、努力等條件固然重要，但扭轉命運的關鍵還是在於：有沒有一顆願意的心？

Mary姐最值得學習的地方，就是她有一顆願意的心。回顧採訪過程，印象中，光是「**我願意**」三個字，Mary姐就不知道提到過幾次。而也**正是那三個字，決定了她面對艱困處境時的態度，將阻力化為成功的助力。**

曾經有人將人生比喻成葡萄酒。那位作者在書中提到，很多農夫都同意：「偉大的葡萄酒，是從最佳的葡萄中產生的。」至於要如何種出最佳的葡萄，除了葡萄樹本身的品種，種植條件也很重要，越艱困的生長環境，反而有助於激發葡萄樹的生存潛力。

舉例來說，烈日曝曬下的葡萄樹，為了保留水分，會不斷向下生長，尋找地底水源，無形中葡萄樹也長得更加堅固；採收後的葡萄，要釀製成底蘊渾厚的頂級葡萄酒，則又是另一場生存戰役了。

焦點回到Mary姐身上，她的生命歷程，正好呼應了上述的比喻。年幼時，奮力從艱困的環境中探頭、茁壯；長大後，從苦難的撞擊中慢慢發酵、熟成。渾厚的生命底蘊，再藉由「著書分享」這樣的一個開封動作，散發馨香，藉此催化更多生命的熟成。

《聖經》〈約翰福音〉15章1至4節也說：「**我（指耶穌）是真葡萄樹，我**

父是栽培的人。……你們要常在我裡面，我也常在你們裡面，枝子若不常在葡萄樹上，自己就不能結果子……」為什麼Mary姐這株枝子結出來的葡萄特別好？原因，就是有一棵品種最好的葡萄樹為根基。這部分，從書中便能清楚窺見。

每個人都是一本書，適合翻讀或詮釋的方式，未必一樣。如何在「忠於受訪者生命本質」和「讀者閱讀需求」之間，找到一個最佳平衡點，有賴集思廣益。在此，要謝謝合一教會朱奔野主任牧師，為此書的誕生揭開起點；謝謝原水文化總編輯小鈴姐（林小鈴）和主編Penny（潘玉女），提綱挈領的編輯功力，大大提升可讀性，同時也增進讀者對相關醫學概念的理解；也謝謝喜悅集團的玲苓姐、美錡暨全體同仁，同心傳播（隸屬合一教會）的同工Vikki、小陳，以及城邦集團行銷部的維君等人在過程中的參與和協助。

對我而言，每採訪撰寫一本書，都如同經歷一段精彩的生命旅程。更奇妙的是，旅程中的收穫，往往又會成為該階段的重要啟示，影響當下的一些決定，彷彿是上帝派來的信差一般。這次，當然也不例外！

謝謝Mary姐的催化，帶著一顆「願意的心」，我也要準備邁向人生下一個階段的，熟成。

我願意：黃馬琍的36堂學習成長筆記【暢銷分享版】

作　　者／黃馬琍
出版策畫／朱奔野
採訪編輯／魏棻卿
企畫選書／林小鈴
資深主編／潘玉女
協力製作／吳億玫、陳俊穎

業務經理／羅越華
行銷經理／王維君
總 編 輯／林小鈴
發 行 人／何飛鵬

國家圖書館出版品預行編目(CIP)資料

我願意：黃馬琍的36堂學習成長筆記 / 黃馬琍著. -- 初版. -- 臺北市：原水文化出版：家庭傳媒城邦分公司發行, 2013.11
面；　公分
ISBN 978-986-5853-23-5(平裝)

1.黃馬琍 2.臺灣傳記

783.3886　　102020289

出　　版／原水文化
台北市民生東路二段141號8樓
電話：（02）2500-7008　　傳真：（02）2502-7676
E-mail：H2O@cite.com.tw　部落格：http://citeh2o.pixnet.net/blog/
同心國際傳播(股)公司
台北市大安區忠孝東路三段136號13樓
電話：（02）8772-0775　　傳真：（02）2773-9636
發　　行／英屬蓋曼群島商家庭傳媒股份有限公司城邦分公司
台北市中山區民生東路二段141號11樓
書虫客服服務專線：02-25007718；25007719
24小時傳真專線：02-25001990；25001991
服務時間：週一至週五上午09:30～12:00；下午13:30～17:00
讀者服務信箱：service@readingclub.com.tw
劃撥帳號／19863813；戶名：書虫股份有限公司
香港發行／城邦（香港）出版集團有限公司
香港灣仔駱克道193號東超商業中心1樓
電話：(852)2508-6231　傳真：(852)2578-9337
電郵：hkcite@biznetvigator.com
馬新發行／城邦（馬新）出版集團
41, Jalan Radin Anum, Bandar Baru Sri Petaling,
57000 Kuala Lumpur, Malaysia.
電話：(603) 90578822　傳真：(603) 90576622
電郵：cite@cite.com.my

美術設計／果實文化設計工作室
內頁繪圖／黃建中、盧宏烈
製版印刷／科億資訊科技有限公司
初版一刷／2013年10月31日
初版14刷／2016年8月4日
修訂一版3.3刷／2023年11月30日
定　　價／300元

ISBN: 978-986-5853-23-5
EAN: 471-770-290-081-6

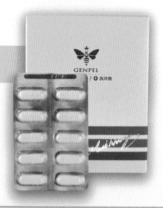

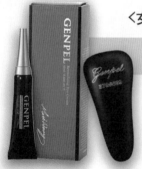

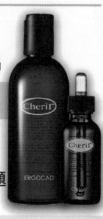